Política y estética de los cuerpos

*Distribución de lo sensible
en la literatura y las artes visuales*

Alicia Montes y María Cristina Ares
(Compiladoras)

Política y estética de los cuerpos

*Distribución de lo sensible
en la literatura y las artes visuales*

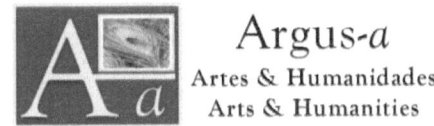
Argus-*a*
Artes & Humanidades
Arts & Humanities

*Buenos Aires, Argentina - Los Ángeles, USA
2019*

Política y estética de los cuerpos. *Distribución de lo sensible en la literatura y las artes visuales*

ISBN 978-1-7323474-7-2

Ilustración de tapa:
Marina Rothberg, *La sin nombre*, aguafuerte, aguatinta, 25 x 60 cm, 2010.

Diseño de tapa: Argus-*a*.

© 2019 Alicia Montes y María Cristina Ares

All rights reserved. This book or any portion thereof may not be reproduced or used in any manner whatsoever without the express written permission of the publisher except for the use of brief quotations in a book review or scholarly journal.

Editorial Argus-*a*
16944 Colchester Way,
Hacienda Heights, California 91745
U.S.A.

Calle 77 No. 1976 – Dto. C
1650 San Martín – Buenos Aires
ARGENTINA
argus.a.org@gmail.com

Índice

Prólogo   1

- "El cuerpo de Eva Perón: mutaciones neobarrocas en las figuraciones literarias y visuales".
María Cristina Ares   9
- "Cuerpos, memorias y deseos. Posibilidades y aperturas para existencias disidentes".
Daniela Giménez   29
- "Sobre (súper) héroes y refrigeradores: violencia sobre el cuerpo de la mujer como lenguaje y experiencia narrativa".
Iván Gordin   55
- "El cuerpo en *Zama* de Antonio Di Benedetto: entre la pose y la animalidad".
Alicia Montes   85
- "Denuncia política, biopoéticas y Derechos Humanos en la música reciente: variaciones musicales y corporales por la legitimación de identidades en Chile".
Dámaso Rabanal Gatica   111
- "La flecha del corazón: hacia una poética de los cuerpos eróticos".
Julieta Sbdar Kaplan   135

Comunicaciones   159

- "Un cuerpo trascendente: la concepción cristiana y sus desvíos en *Malicia* de Leandro Ávalos Blacha".
Esteban Luciano Juárez   161

- "La condición del desaparecido en
  Aparecida de Marta Dillon".
  Jennifer Lourdes Videla   175
- "El cuerpo anulado: identidades no
  hegemónicas en *Chicas muertas*
  de Selva Almada y en *Himenoplastía*
  de Regina Galindo".
  María Belén Giannini   185
- "*Motion graphics*: límites y potencias estético-
  políticas en corporalidades digitales
  anómalas".
  Romina Wainberg   197

Datos de los autores   219

Política y estética de los cuerpos.
Distribución de lo sensible en la literatura y las artes visuales

Prólogo

¿Cómo se puede definir una política de los cuerpos? ¿De qué manera cada cuerpo, en su singularidad, se vuelve político? ¿Es posible relacionar estética y política? Los trabajos de investigación que se incluyen en este volumen pretenden, de diversas maneras, dar una respuesta a estas preguntas, explorando el pensamiento no pensado que emerge en los materiales del *corpus* de trabajo seleccionado. Sin embargo, hay un presupuesto general que permite trazar la lógica de este recorrido que articula artes, literatura, cuerpos, política y estética. Existe un reparto de lo sensible (de lo perceptible, de lo imaginable, de lo decible y de lo escribible) que, desarmando los binarismos y jerarquías naturalizados característicos de nuestra cultura, pone en acto la equivalencia de todos los cuerpos y los recupera en su materialidad haciéndolos simbolizables, en tanto cuerpos existentes que merecen ser cuidados, respetados y valorados en su diferencia. En este sentido, la estética cobra la figura de una política *de* la vida y no *sobre* la vida.

El problema de las formas, artísticas o literarias, se define por las configuraciones a través de las cuales se hacen perceptibles los modos de inclusión o exclusión que determinan la participación de los cuerpos en un espacio común, tanto aquellos considerados sujetos de derecho como aquellos que los poderes hegemónicos vuelven ilegibles al expulsarlos a una exterioridad en la que solo pueden ser no-sujetos, monstruos, abyección o anomalía. Se trata de interpelar a la escritura y a las imágenes para saber cómo construyen el orden del mundo y sus emplazamientos, es decir, de qué manera figuran la experiencia sensible de la vida, en el espacio heterotópico de las artes y la literatura. El objetivo de los diferentes trabajos es analizar qué cuerpos son visibles, legibles y cuáles no; qué se pone en el centro y qué en la periferia, qué voces emergen y cuáles se acallan; de qué manera y con qué características esos cuerpos cualesquiera, complejos e impuros, son iluminados para que emerjan en sus contradicciones y a manera de oxímoron.

Los actos estéticos diseñan la experiencia común por eso abren la posibilidad de nuevas formas de distribución de lo sensible que, a su vez, implican nuevos modos de articular las maneras de hacer, la forma de visibilidad de esos modos y la manera de pensar sus relaciones. No se puede enunciar una política del arte y de la literatura sin referirse al mismo tiempo a la estética, porque ambas establecen la distribución de los cuerpos en el *sensorium* común. Las prácticas artísticas perturban la estabilidad de los lugares fijos, cuestionan las jerarquías esencializadas, discuten la idea de norma y anormalidad, la diferencia entre humano y animal, la preeminencia de la razón sobre los sentimientos, las jerarquías raciales, la idea de que unos cuerpos están destinados a hablar y otros a guardar silencio, unos a estar arriba y otros abajo, unos a ser pasivos y otros activos, unos a dominar y otros a ser dominados.

En las artes y la literatura emerge un pensamiento no pensado, en el que las imágenes y las palabras abren la posibilidad de imaginar el mundo y presentarlo sin ordenamientos esencializados, ni efectos preconcebidos, ni finalidades preestablecidas. La ficción y las diversas formas del arte reconfiguran el mapa de lo sensible, subrayando que el hombre es un animal político porque es, en primer lugar, un animal artístico y literario, capaz de ficciones y de artificios que le permiten imaginar el mundo, transformarlo y transformarse, poniendo en crisis las distribuciones predeterminadas de los cuerpos en la realidad de todos los días a través de estrategias y procedimientos formales.

En este sentido, los materiales del corpus se distancian de la perspectiva eurocéntrica naturalizada que ha tenido una alta eficacia para producir saberes y distribuciones jerárquicas de lo sensible, del cuerpo y de aquello que no es considerado cuerpo. Este conocimiento se ha relacionado directamente con la construcción de los conceptos de raza y de género, estructurando una matriz heteronormativa que la historia ha naturalizado. En efecto, a lo largo del tiempo la humanidad ha diferenciado el "cuerpo" del "espíritu" o "no cuerpo" y este binarismo ha sido compartido por muchas de las civilizaciones y culturas conocidas, sobre todo en el mundo cristiano, subrayando el privilegio del segundo sobre el primero. La primacía del "no-cuerpo", denominado también "alma", por sobre el "cuerpo" denota una irresuelta ambivalencia que determina que mientras el objeto privilegiado de salvación para la cultura cristiana es el alma, la culminación de la salvación se produzca con el "cuerpo" resucitado.

René Descartes en el siglo XVII profundiza la drástica separación entre el "no cuerpo", y lo que denominará "conciencia", "razón" o "sujeto" y el "cuerpo". Su filosofía propone una entidad con capacidad cognoscitiva, *res cogitans*, a la que le opone otra entidad que será la *res extensa*, incapaz de conocer por lo que no será sujeto sino "objeto" de conocimiento. Así, en el siglo XIX, el cuerpo convertido en "cosa" se asociará a la "naturaleza", a la materia "en sí", en tanto objeto de estudio biológico asociado a la teorización "científica" que desarrollará el concepto de "raza". La disociación razón/materialidad carnal establece las condiciones de posibilidad de la determinación de la superioridad de ciertas "razas" por sobre otras y de ciertos cuerpos sobre otros. Las razas consideradas superiores sostendrán su preeminencia en el carácter "racional" de los sujetos que las conforman; las sometidas, por su parte, al ser consideradas "cuerpo", "naturaleza" o "animalidad", tendrán como destino la explotación y la dominación y serán vistas como objeto a civilizar por la cultura europea.

Estas construcciones teóricas estructuradas en base a binarismos y jerarquías permitieron que, hasta la Segunda Guerra Mundial, ciertos pueblos no-europeos hayan sido considerados "objeto de conocimiento" y de "dominación", por ser meros "cuerpos", entes en estado de "naturaleza" y, por ende, anulados en su posibilidad de ser "sujetos". En este sentido, la expresión no-sujeto se utiliza como posición opositiva a la idea de sujeto concebido no solo como interioridad cognoscente sino, y sobre todo, como rol social que se define por la posibilidad de ser protegido y resguardado por el derecho, un contrato entre los súbditos y el soberano o el estado-nación, que al mismo tiempo los crea como sujetos.

La concepción binaria del mundo afectó y reforzó una dominación más antigua aún, la de género. La mujer, de la que Aristóteles dudaba de que poseyera alma pues no acertaba a decidir si estaba más cercana al animal o al hombre, se mantuvo del lado de los "cuerpos" carentes de razón y abyectos. Esta idea se acentuó en las consideradas mujeres de razas "inferiores", que este pensamiento patriarcal y racista confundía con otros entes de la naturaleza ilegibles en tanto sujetos, tal es el caso de las esclavas negras. A la jerarquización de los cuerpos, la idea de progreso que comenzó a desarrollarse en el siglo XVIII, agrega una concepción evolucionista que construyó una cadena ascendente, en términos de menos o más racionalidad, en la que los pueblos no-europeos fueron ubicados en un estadio evolutivo inferior, como escalón que marca lo que va desde lo primitivo a lo civilizado, desde lo mítico a lo científico, desde el cuerpo a la razón y desde la normalidad a la anomalía. Este orden policial, que aún persiste naturalizado y establece dicotomías y jerarquías radicales, distribuye los cuerpos según el orden representativo-mimético de un discurso logocéntrico, heteronormativo y patriarcal que entra en conflicto con la política de los cuerpos que se hace visible en el *corpus* y los trabajos que integran este volumen.

Así, en la primera parte del libro, compuesta por artículos, el artículo de María Cristina Ares, "El cuerpo de Eva Perón: mutaciones neobarrocas en las figuraciones literarias y visuales" aborda las formas artísticas y visuales del cuerpo de Eva Perón en Argentina. La historia ha pretendido el orden perpetuo del cuerpo de Eva Perón al decidir embalsamarla y transformarla en estatua o momia y así mantenerla a salvo de la degeneración de sus tejidos y del devenir orgánico. El arte y la literatura argentina contemporánea fundan una suerte de teratología del cuerpo de Eva basado en la desmesura, en lo no-humano de lo maquínico y en la multiplicación de su imagen carente de original. El artículo aborda las representaciones de Evita de Néstor Perlongher en 1975, Ricardo Piglia en 1992, Daniel Santoro de 2004 a 2009 y Nicola Costantino en 2013. Sus figuraciones se resisten a ser fijadas en una identidad estable, única y delimitada. Más cercanas a un neobarroco se caracterizan por diversas mutaciones muy lejos de cualquier representación orgánica a la medida de las ideologías que la defienden o la denostan. La propuesta es pensar estas producciones en términos de una "trans-sublimidad" lo que habilitaría al pensamiento latinoamericano a transitar este exceso de representaciones corporales evitando la idea de infinitud.

Por su parte, la investigación de Daniela Giménez, "Cuerpos, memorias y deseos. Posibilidades y aperturas para existencias disidentes", se interroga, a partir de la interpretación de *La virgen cabeza* de Gabriela Cabezón Cámara, *Los topos* de Félix Bruzzone y la muestra audiovisual *Esta se fue, a esta la mataron, esta se murió* del "Archivo de la memoria trans", acerca de cómo se entrelazan los modos de recordar y las identidades alternativas que presentan los cuerpos trans. Se trata de analizar cómo emergen en estas obras las diferentes maneras de volverse memorables y legitimarse de las formas singulares de existencias que quiebran la hegemonía de los discursos establecidos sobre el pasado desafiando la matriz heterosexual que funda los cuerpos sexuados.

El artículo de Iván Gordín, "Sobre (súper) héroes y refrigeradores: violencia sobre el cuerpo de la mujer como lenguaje y experiencia narrativa", aborda el análisis del dispositivo *cómic* y su imaginario-cliché para determinar qué lugar ocupa el cuerpo de la mujer y la violencia que se ejerce sobre él dentro de una cosmogonía ficcional donde los cuerpos vuelan, se agrandan, se achican, se estiran, se desintegran, se salvan, se mueren y resucitan según la tiránica decisión del mercado regido por imperativos característicos del orden patriarcal.

En "El cuerpo en *Zama* de Antonio Di Benedetto. Entre la pose y la animalidad", Alicia Montes aborda el estudio de la novela desde la perspectiva de la corporalidad como forma a través de la cual se materializa la existencia y la subjetividad cobra visibilidad y consistencia. El cuerpo emerge, en el trabajo, como intervalo entre la pose erecta de un yo vacío que teme enfrentarse a su nadería de un presente insatisfactorio, mientras espera un destino que no termina de materializarse, y la horizontal de la animalidad, esa zona fronteriza móvil e inestable en la que se manifiestan las múltiples formas de lo viviente, que desdibuja los límites trazados por el hombre en torno a lo propio de lo humano.

Dámaso Rabanal Gatica, en su artículo "Denuncia política, biopoéticas y Derechos Humanos en la música reciente: Variaciones musicales y corporales por la legitimación de identidades en Chile", toma como punto de partida el cancionero actual chileno, específicamente las producciones musicales del cantante *(Me llamo) Sebastián*, para hacer evidente de qué manera sus canciones conllevan una mirada crítica y de denuncia en torno a algunos rasgos constitutivos de la sociedad chilena postdictatorial que favorecen la agresión sistémica y sistemática de los sujetos, así como la mantención anquilosada de representaciones sociales que promueven la anulación de toda diversidad y consciencia acrítica de la ciudadanía.

Finalmente, en "La flecha del corazón: hacia una poética de los cuerpos eróticos", Julieta Sbdar analiza de qué manera, en medio del narcisismo contemporáneo, la figura del erotismo, en tanto experiencia de la muerte y de la alteridad radical, parece desvanecerse a medida que el cuerpo es capturado por el dispositivo pornográfico y sometido a las leyes securitarias de la publicidad. La autora estudia cómo se configura lo erótico en los poemas de Clara Muschietti y Cecilia Pavón y hasta qué punto toma la forma de una continuidad perdida que se hace visible en la materialidad del lenguaje poético.

La segunda parte de este volumen, constituida por *Comunicaciones*, está integrada por los trabajos de Esteban Luciano Juárez, Jennifer Lourdes Videla, María Belén Giannini y Romina Wainberg. Esteban Luciano Juárez en "Un cuerpo trascendente: la concepción cristiana y sus desvíos en *Malicia* de Leandro Ávalos Blacha" aborda la problemática del cuerpo humano proponiendo coincidencias y desvíos con respecto a la tradición cristiana y resignificando un concepto clave: la materialidad. Los postulados teológicos conciben a la persona como una dualidad entre alma/cuerpo donde el segundo siempre ha configurado alguna clase de peligro; sea emparentándolo al mundo animal o a determinados pecados, el cuerpo no sólo se ha convertido en "un campo de batalla político", sino que también se ha definido a partir de una oposición frente a lo inmortal, lo puro y sagrado del alma. Sin embargo, este mecanismo de reificación se pone en discusión frente a los desvíos propuestos en *Malicia* como otra forma de concebir la relación persona-cuerpo.

Jennifer Lourdes Videla estudia la condición de desaparecido como estado liminar que se ubica entre la vida y la muerte en "La condición del desaparecido en *Aparecida* de Marta Dillon" donde reflexiona en torno a ese estado espectral y presenta lo conflictivo de su definición. Los huesos, la materialidad tanto del cuerpo como de la muerte, son presentados a partir de su doble constitución: como elemento que permite el vínculo con un pasado y como indicio de la crueldad a la que un cuerpo fue expuesto. En los restos hallados se exhibe tanto la certeza de la muerte como la ilegalidad a la cual se lo ha sometido.

María Belén Giannini en "El cuerpo anulado: identidades no hegemónicas en *Chicas muertas* de Selva Almada y en *Himenoplastía* de Regina Galindo" pone en diálogo la novela argentina de Selva Almada con la performance de la artista guatemalteca Regina Galindo, con el objeto de contrastar la forma en que las corporalidades interpelan la realidad actual desde su propia identidad y a su vez plantear la omisión ejercida por la mirada binaria respecto de un cuerpo que no puede categorizarse dentro de ella. Subraya, así, la percepción latinoamericana de quienes no ingresan a la hegemonía en la que un cuerpo anulado o bien una anulación fragmentaria se jerarquiza en piezas corporales que cumplen con el estereotipo social. En estas producciones artísticas el concepto mujer se reduce a una sola identidad sin poder dar lugar a la mujer transgénero que contrasta con la masa cisgénero de toda la obra y, en consecuencia, se produce la anulación del cuerpo en el territorio de lo simbólico.

Finalmente, Romina Wainberg en "*Motion graphics*: límites y potencias estético-políticas en corporalidades digitales anómalas" se centra en las anatomías post-antropomórficas, poniendo especial atención a los aspectos técnicos y creativos en los entornos digitales empleados por el artista. En su ensayo privilegia tanto los parámetros aportados por la teoría estética de las últimas décadas del siglo XX, en especial la de Jacques Rancière, así como también las contribuciones provistas por la estética computacional desarrollada recientemente por Paul Fishwick. Este marco teórico le permite localizar las limitaciones y la potencialidad del trabajo de Diácono con referencia a sus modos de producción, sus herramientas de diseño y sus horizontes de recepción.

María Cristina Ares

Universidad de Buenos Aires

El cuerpo de Eva Perón: mutaciones neobarrocas en las figuraciones literarias y visuales

Soy muy chiquita para tanto dolor, Eva Perón[1]

Introducción

Nuestra tradición americana, si es que efectivamente la tenemos, tiene su origen en la superposición de un sistema ilustrado sobre uno barroco. En tal operación no hay desplazamiento ni ruptura alguna y en ese punto residiría nuestra originalidad (Celorio 97). Una idea firme del filósofo ecuatoriano Bolívar Echeverría es que el barroco latinoamericano contiene en sí el mestizaje y el debate de la colonialidad, pues los indios se habrían apropiado de la cultura barroca para inventarse en un nuevo cuerpo mestizo (Espinosa 2012 65-80). Pensar en términos de una estética descolonial implica deshacerse de la estética moderna y colonial que incluye las teo-estéticas de los siglos XV y XVII y las ego-estéticas nacidas en el siglo XVIII (Gómez 19). La estética moderna europea colonizó la *aísthesis* ($α\"ισθησις$): todo el universo de la sensación y la percepción; la vertiente descolonial de la estética intenta emanciparla de las categorías que la limitaron, la ordenaron, dictaminaron sus fundamentos y criterios de valoración. El barroco latinoamericano y el giro descolonial promueven un mundo no capitalista y no homogéneo, una liberación desde los márgenes e intersticios de la colonialidad de los afectos, sentires y perceptos. Tal sistema europeo ilustrado propuso enunciados universales que, en la transposición americana, se han peculiarizado. Si bien el neobarroco recurre a la parodia como tropo central, el neobarroco americano no se agota en ese recurso, aunque sí manifiesta una

---

[1] María Eugenia Álvarez, la enfermera de Evita, relata que Eva como paciente: "Asumió todos los tratamientos con mucha valentía, no era de quejarse. Una o dos veces la escuché decir: 'Soy muy chiquita para tanto dolor' y ahí era cuando la calmábamos. Pero era estoica, tenía mucha fuerza..." (Álvarez 45)

actitud crítica en la selección y reflexión aguda de los discursos de referencia con los que dialoga (no siempre para homenajearlos). Así como Severo Sarduy compara a Fidel Castro con el Cristo redentor[2], así Daniel Santoro dibuja a Eva Perón como una esfinge egipcia y Ricardo Piglia la representa como una Eva futura.

La historia ha pretendido la inmutabilidad del cuerpo de Eva Perón al decidir embalsamarla y transformarla en estatua o momia y así mantenerla a salvo de la degeneración de sus tejidos y del devenir orgánico. El arte parece seguir ocupándose de desordenar semejante pretensión, de quebrarla, como si el cáncer padecido en el cuerpo de Eva, tal como afirma Susan Sontag (21), una enfermedad siempre asociada a los bultos y al crecimiento desmesurado de protuberancias y de excrecencias desproporcionadas, se estuviera manifestando artísticamente. Hasta el momento, su apócrifa voluntad de volver y ser millones[3] se va cumpliendo y consolidando en un *corpus* artístico y literario, cada vez más variado y proliferante, en el límite con lo sublime.

Una teratología de Eva Perón: máquina, zombi, esfinge y espectro

Néstor Perlongher en 1975, Ricardo Piglia en 1992, Daniel Santoro de 2004 a 2009 y Nicola Costantino en 2013 representan el cuerpo de Evita a partir de diversas mutaciones y muy lejos de cualquier representación orgánica. Perlongher opta por la inestabilidad neobarroca de una Eva-Zombi, flaca y de voz cascada que confunden con una travesti. Piglia la construye como la mujer-máquina ence-

---

[2] Sarduy hace esta comparación en "La entrada de Cristo a La Habana" en la novela *De dónde son los cantantes* (Cf. Celorio, Op.Cit.).

[3] "Volveré y seré millones" es una frase apócrifa adjudicada a Eva Perón pero que en realidad habría sido dicha por el cacique del Alto Perú Tupac Katari en 1781 antes de su descuartizamiento en medio de la rebelión aymará contra los españoles. En rigor su expresión fue: "A mí solo me mataréis, pero mañana volveré y seré millones". El poeta argentino José María Castiñeira de Dios, que en los años 50 trabajó en la Fundación Eva Perón, en 1962 le dedicó un poema en el que le hace decir a Eva la famosa frase y que resulta título de la obra.

rrada en un museo que deviene isla solitaria y que incesantemente relata historias en la figura de una Eva-Futura. Santoro, desde el arte visual, la representa como esfinge egipcia que nutre a los niños, también como un ángel que despliega sus alas en medio de un bosque y como una Eva-Árbol Justicialista. La propuesta de Costantino es retirar de la escena al cuerpo y producir la presentación del cuerpo ausente, el cadáver está evocado, desmaterializado y, en ocasiones, encarnado por la misma artista caracterizada como Evita.

La denominación neobarroca para aludir a sus transformaciones corporales apunta a cierta pérdida de integridad y de organicidad en permanente mutación. Tal inestabilidad, sin embargo, aunque parezca caprichosa, sigue cierto orden (Calabrese 12): por debajo de esas metamorfosis, hay una imagen que subyace y que permite que la reconozcamos pues encontramos una serie de afinidades que habilitan una forma con cierta identidad. Eso que subyace, a riesgo de asimilarlo a alguna idea de sustancia o *hypokeimenon* griego como "aquello que yace debajo", funciona como un principio de organización no de la Eva histórica pero sí de su construcción representacional. Una cuestión central es que esta serie de mudanzas morfológicas son de naturaleza espacial, pero de tal variedad y tan numerosas que resulta abrumador intentar contenerlas y asombroso que intenten escenificar siempre y en todos los casos a la misma figura. Esto habilita el intento de diseñar una suerte de enciclopedia de Evita, es decir, un conjunto orgánico en el que cada elemento tenga relación con los demás de modo ordenado, lo cual le daría un sentido al conjunto de la totalidad de representaciones de Eva. En ese caso, tal sistema orgánico contendría en sí a todas y cada una de sus manifestaciones corporales aunque ellas sean inorgánicas pues su racionalidad la adquirirían en la totalidad del conjunto. A la vez, la noción de enciclopedia, tal como indica Umberto Eco, funciona respecto de las unidades que la componen como un horizonte gene-ral de orden en el que se organizan todas sus morfologías (Calabrese 21). El inconveniente con el que nos encontramos es que tales manifestaciones parecen no haberse interrumpido por el momento. En la medida en que se siguen produciendo nuevas figura-ciones de su cuerpo difícilmente podrá cerrarse tal enciclopedia, se constituirá así en una suerte de sistema ordenado pero abierto a nuevas incorporaciones y posibilidades. Se configurará entonces una pretensión de organicidad pero sin clausura, sólo sostenida por la conjetura de que en definitiva habrá un conjunto de invariantes que podrían consi-derarse una *identidad-Eva* co-presentes en todas sus representaciones artísticas y literarias.

Se funda así una suerte de teratología del cuerpo de Eva basado en la desmesura, en lo no-humano de lo maquínico y en la multiplicación de su imagen carente de original. Mutaciones monstruosas de una Eva que no cesa de transformarse en sus representaciones visuales y literarias en diálogo con la rareza de su génesis. Se plantea un curioso devenir morfológico de Eva contrario a la inmutabilidad oculta con promesa de eternidad perenne de su cuerpo embalsamado y custodiado por cámaras de seguridad en el cementerio de la Recoleta de Buenos Aires.

Un cadáver vivo: la Evita de Perlongher y una inestabilidad atroz

Las obras que aquí se reúnen se han producido en cuatro épocas de la Argentina muy diferentes: la década del setenta, los noventa y la primera y segunda década del siglo XXI. Cuando Perlongher publica *Evita vive* en 1975, nuestro país está instalado entre la denominada Revolución Argentina de 1966 que derrocó al presidente constitucional Arturo Illia mediante un golpe de Estado, y el golpe militar de 1976. Entre uno y otro acontecimiento hubo elecciones, las de 1973, en las que triunfó el candidato peronista, Héctor J. Cámpora. En el mismo período, pero cinco años antes, Copi había publicado *Eva Perón* en 1970 y en 1972 se editó "Eva Perón en la hoguera" de Leónidas Lamborghini. Esto sucede cuando el cuerpo de Eva es devuelto a Perón, después de haber estado sepultado bajo un nombre falso[4] durante catorce años en Milán, y ya se la puede volver a nombrar. Si en textos previos se la diseñó como doble o muñeca, tal es el caso de "El simulacro" de Jorge Luis Borges (1960) y de "La señora muerta" de David Viñas (1963), con Perlongher se manifiesta una Evita con la forma de una muerta-viva que se corporiza como prostituta, drogadicta y santa apenas bajada del cielo. Esta proliferación barroca en la que el significante *Eva* va progresando de forma orbital y disparatada, deja al lector frente al vaciado de referente, Eva es todas esas posibilidades y a la vez ninguna. Deja pues, y una vez más, a Eva en el exilio, remisa a cualquier iconografía cristalizada, expulsada y allí en su absoluto vaciamiento que recuerda la operación del Dr. Ara sobre su cuerpo, renace una vez más, se constituye y vive. "Evita vive" es un relato que no prospera, señala Adrián Cangi, no se trata de que no progresa sino que "conquista una superficie el plano fantasmagórico y la multiplicación de visiones" (Cangi 7). Su cuerpo se deforma, se transforma y transmuta, en ningún momento se define acabadamente el personaje, este recurso se reitera justamente para desmontar una memoria cristalizada y estereotipada de Eva. En las antípodas de una representación santificada o angelada de su figura elige el camino de la crueldad y la inhumanidad y allí no hay lugar para la culpa pues considera, siguiendo a Nietzsche y a Artaud, que es ésa la vía para liberar al cuerpo de la interiorización del resentimiento (Cangi 15).

Un abismo fractal: la Eva de Piglia, una máquina literaria

Diecisiete años después, en 1992, se publica *La ciudad ausente* de Ricardo Piglia en una Argentina con nueve años ya de democracia ininterrumpida. Para esa época se había podido comenzar un proceso de revisionismo de lo silenciado y negado por la dictadura militar, y Eva ya puede ser nombrada. Piglia ahora no se ve obligado a encri-

---

[4] Estuvo sepultada en el Cimitero Maggiore de Milán, ubicado en el barrio Musocco, bajo el nombre de María Maggi de Magistris.

ptar las referencias nacionales e históricas como en su novela anterior de 1980 *Respiración Artificial*. En este período se destaca el recurso a lo sobrenatural para referirse a Eva, lo que contribuye a la construcción mítica de su figura y mesiánica en el caso de Piglia porque, abandonada en una isla, es la que está por venir[5] (de Mendonça y Lafosse). Tres años después, en 1995, Tomás Eloy Martínez publicará su exitosa novela histórica *Santa Evita* tejiendo un magistral cruce entre historia y ficción con ingredientes sobrenaturales que abonan la construcción mítica de su figura. La idea de la reencarnción ya había sido instalada por el mismísimo López Rega en tiempos de Isabelita, rituales umbanda mediante, el apodado "Mago" habría intentado que el alma de Evita transmigre al cuerpo de la tercera esposa del Gral.Perón y futura vicepresidenta María Estela Martínez de Perón, conocida como "Isabelita", de modo tal que se logre la verdadera inmortalización en un nuevo cuerpo, proyecto frustrado por la reacción montonera que entonaba a coro que "Evita hay una sola, no rompan más las bolas" (Kohan/ Rocca 109).

Heredera de una tradición que tiene sus orígenes en Eduardo L. Holmberg quien publica en 1879 el cuento "Horacio Kalibang o los autómatas", considerado el primer relato argentino sobre vida artificial (Sarti 283), la literatura argentina revive a la mujer amada y perdida de muy diversas formas. En el caso de Eva Perón se cruza la reanimación de la mujer erótica e irresistible con la líder política y con la madre amorosa y comprensiva. Piglia sigue este camino y retoma el ya trazado por Macedonio Fernández al presentar una Eva-Futura hecha máquina. La propuesta pigliana funde la tradición de la Eva que, en 1886, Auguste Villiers de L'Isle-Adam había diseñado en La Eva Futura en la que se utiliza por primera vez el término "androide". Acusada de misógina, la novela relata la fabricación de una "ginoide" a semejanza de la enamorada del protagonista que replica la hermosura de la original pero que espiritualmente es superior. La

---

[5] "Tenía que llegar a la isla, descubrir la leyenda de la mujer que iba a venir a salvarlos. Tal vez, pensó Grete, está quieta en la arena, perdida en la playa vacía, como una réplica rebelde de la Eva futura." (Piglia 1992 84)

influencia de la ficción del Villiers de L' Isle Adam fue decisiva para la Elena de Macedonio Fernández en el *Museo de la novela de la Eterna*. La máquina denominada Elena de Macedonio a su vez, influye sobre la Elena de Piglia de *La Ciudad Ausente*, y así se va delineando una trayectoria barroca de textos en filigrana. La Elena pigliana es una máquina encerrada en un museo, que a veces muta en isla, que no puede parar de contar relatos, y que por momentos muta en Lucía Joyce, en mujer-pájaro y en Eva, que con reminiscencias perlonghianas; declara que estar muerta es estar viva, igual que Evita, que estando muerta parece solo dormida.

La Elena-Eva en la versión operística de Gerardo Gandini se reconoce a sí misma cantando: "embalsamada como una muñeca y viva como una música", e insiste una y otra vez en que es una y es todas. El responsable de haber insertado el cerebro de Elena ya muerta en la máquina es el Dr. Arana de similitud no sólo fonética con el Dr. Ara, el taxidermista elegido por Perón para tornar incorruptible el cuerpo de Evita. La Eva pigliana confiesa que su condena es no morir, y se siente "presa en la máquina para siempre".

La máquina relata cuentos con la forma espiralada del barroco; si la máquina es la literatura argentina o la historia argentina, entonces Eva no muere porque nada impide que se siga reversionando, reinterpretando y recreando. La Eva encarnada tecnológicamente produce literatura, representaciones donde ella misma surge ficcionalizada en la misma novela que Piglia escribe, origen y producto que se unen en un mismo punto con trazo de *ouroboros*, como un dibujo de M. C. Escher o un cuento borgiano. La máquina pigliana puede ser leída como una *mise en abyme* en fantástico diálogo con el inicio de su novela anterior *Respiración artificial* donde se pregunta: ¿hay una historia? La Eva encerrada en una máquina de relatar, ¿es la Evita histórica y también es la primera mujer que Dios creó sobre la tierra o también esos no son más que relatos de ficción? Esa maravillosa madeja de referencias significativas cruzadas y contradictorias conforman el universo de la Evita pigliana.

Un enigma egipcio: la Eva de Santoro

Desde las artes visuales y diez años después, Daniel Santoro, pintor argentino especializado en iconografía peronista, produce en 2002 tres libros de artista dibujados y hechos a mano por él mismo: los *Manuales del niño peronista* que evocan a los libros de educación inicial para el aprendizaje de la lecto-escritura escolar de la época, y continúa hasta 2009 dibujando a Evita. Se trata de una reconstrucción de la historia peronista con el formato de diario político en imágenes, describe Fabián Lebenglik: "en ese libro desfilan Perón y Evita, las 'verdades peronistas', los íconos justicialistas, la relectura de las publicaciones oficiales y revistas partidarias" (2004) y agrega que lo que puede notarse allí es el "costado siniestro y maquiavélico del peronismo" que hace a la misteriosidad barroca de la propuesta. Lebenglik fundamenta el barroquismo de Santoro en la multitud de signos, en la sobrecarga simbólica que tejen la estética y el léxico peronistas conformando un canon, un rito que al ser repetido deviene en mantra y que el artista lo formaliza en el lenguaje visual. Con estrategias propias de una estética *kitsch* representa el cuerpo de Eva ligado a la naturaleza, a la escultura y a la angeología. Los trazos de Santoro siguen las huellas de las imágenes *clichés* de las ilustraciones de revistas infantiles como *Billiken* reviviendo los sueños e ilusiones de la *Patria Peronista* entendida como utopía de felicidad situada en el pasado aunque no lo caracteriza la mirada nostálgica sino cierto humor y un cariño entrañable hacia Evita.

Lo monstruoso de las representaciones de Evita en Santoro tiene su habilitación en la jornada del 17 de octubre de 1945 cuando surge "una nueva expresión política de la corporalidad" (García 149). Ese día la CGT llamó a una huelga general reclamando la libertad de todos los presos civiles y militares, entre ellos se encontraba Perón, que tres días antes había sido recluido en la isla Martín García. Una multitud se reunió en Plaza de Mayo para reclamar la liberación, un tumulto de, como decía Evita, "grasitas" sumergió sus "patas en la fuente", se descubría el torso y agitaba sus brazos. Surgía una nueva monstruosidad, con inéditos registros de conducta y una estética escandalosa para el estándar de la alta cultura.

Inscripta en este nuevo cuerpo colectivo monstruoso de "cabecitas negras" se erige la figura de Eva como signo distintivo del peronismo. Esta nueva corporalidad pública e informe es la que trabaja Santoro desde la desmesura y lo excedente, porque sobrepasa la medida y la concepción de perfección de tipo clásica. Con Perlongher, Eva baja del cielo pero con Santoro se eleva entre los árboles como una Eva-ángel en *Libro de Horas* (2013) y así cumple con otra monstruosidad neobarroca porque el exceso morfológico de las alas alude a desmesuras también espirituales pero, en este caso, positivas. La Eva más enigmática del artista es la Eva-esfinge de *Ciudad justicialista* (2004) o de *La esfinge* (2001) o de *Fuente de aguas curativas* (2004) porque infunde respeto y misterio a la vez; si ella contiene un acertijo o enigma por resolver y si está entre nosotros significa que esa verdad aún no ha sido descifrada por ningún mortal. Cuando Omar Calabrese (107) refiere la figura del esperpento aclara que despliega un carácter misterioso, cierta "misteriosidad" que sugiere una admonición oculta que deberíamos poder descifrar y tal es el caso de la Eva-esfinge.

En la mitología griega, la esfinge era un demonio de la destrucción y la mala suerte representado con rostro de mujer, cuerpo de león y alas de ave. La esfinge, relata Heródoto, se caracteriza por haber aprendido el arte de formular enigmas de las Musas en forma de canto. Cabe recordar dos libros sobre peronismo, uno es el ensayo de Hugo Chumbita que lleva la palabra "enigma" en su título: *El enigma peronista* (1989) y el otro más inquietante es: *El enigma* de Manuel Bernardes (h.) (1950) de la tradición de lo que se denominó "peronismo ocultista" y considerado un título predilecto en la biblioteca de José López Rega, "el brujo de Perón". Un texto considerado turbador de 1964 y de circulación muy reservada fue: *Logia Anael. La razón del tercer mundo. La programática anaelina: Perón-Adhemar Barrios*, es considerado un protocolo del peronismo ocultista con componentes egipcios. Se dice que López Rega al ser informado de que Perón acababa de fallecer, le dio unos pases mágicos y un masaje en los pies mientras gritaba: "No te vayas Faraón, vuelve". La idea de la transmigración del cuerpo de Eva al de Isabelita, proyecto del apodado "Brujo" incluía apoderarse del apellido Perón y del derecho al diminutivo del nombre de pila (Kohan/Cortés 109). El texto programático de la Logia cierra con una pirámide egipcia pues el nombre "Anael" estaba tomado del Catecismo de la Masonería egipcia redactado por su fundador en el siglo XVIII: el "Conde de Cagliostro". *El enigma* de Bernardes inicia la sección "Respuesta de la esfinge" con el título "Toda una mujer. Evita. La belleza" realzando su dignidad moral, su seriedad, su capacidad de trabajo y en líneas generales destacándola como una mujer excepcional a nivel mundial y "de todos los tiempos" (73).

Reminiscencias egipcias y neoclásicas, pintoresquismo, racionalismo y expresionismo se entremezclan en la particular propuesta de Santoro que Petrina elogió por "su alto grado de mestizaje, de eclecticismo, de heterogeneidad". Abundan en su obra, la arquitectura templaria, los numerosos pórticos, escalinatas y columnas estriadas, un estilo que el crítico resume como "vocación de sincretismo" (Petrina 89 y 96). El monstruo del colectivo descamisado y justicialista encarna en Santoro y en una Evita con la forma de un monstruo alado o bien en la Eva-árbol de *Vacío ideológico con jardín verticalista* (2004) que sostiene todas las ramas del justi-cialismo sobre sus delicados pies. La cabeza de Eva es una isla del Delta en *Atardecer en el Delta argentino;* o una roca en medio de un bos-que o a orillas del mar en *Cabeza de playa* (2009), en *Recuerdo de Cha-padmalal* (2005) y en *Libro de Artista* (2013). La cabeza de Eva también es una ruina en *La mamá de Juanito Laguna dormida en un parque de ruinas arqueológicas* (2009) y en *Hallazgo* (2006). En otras producciones Eva es sólo una nuca con rodete, su rostro no se ve, como en *Ave* (2009) que resultó luego la portada de la novela *Eva. Alfa y Omega* (2014) de la escritora argentina Aurora Venturini; y en *Escolástica peronista ilus-trada* (2014). Eva es árbol tallado en *La esfinge* (2018) o es hueco en un acantilado en *Tesmpestad en Chapadmalal* (2018) pero solo su cabeza, no su busto, es la que es asimilada a la naturaleza en las más diversas formas y en general en un espacio de presente histórico apocalíptico y futurista. Los motivos se repiten, podrían ordenarse en series de Eva-árbol con ramas, Eva-montaña, Eva-isla, Eva-resto de marea, o Eva-caladura en rocas. Santoro la enmarca en un tiempo pasado y dichoso, que ha dejado huella en la naturaleza y en la estatuaria de modo tal que su cuerpo se ha amalgamado al entorno y ya resulta imborrable. Eva se ha transformado o en una inscripción en el paisaje cultural y natural argentinos o bien en una ruina olvidada.

Lo llamativo es la decisión del artista de no transformarla en un busto a Eva, sino en cabeza: un busto es un recordatorio generalmente de un prócer o de una figura histórica notable pero una cabeza sin escote, sin hombros es una propuesta que refleja la distancia del artista con la estereotipada iconografía evitista[6]. La cabeza de Eva flotando en el agua en *La isla de los muertos* (2004) u olvidada sobre el césped como en *El nacimiento de Juanito* (2004) o enredada en un hilo como en *Evita como Ariadna* (2004) potencia la idea de que sus convicciones, sus juicios, todo un proyecto -el que estaba en su cabeza- ha sido descuidado, pero no olvidado, se podría encontrar en cualquier rincón de nuestro territorio, en el nacional y en el imaginario.

La Eva de Costantino: una replicación de espectros

Eva momificada y escondida de nuestra mirada, una suerte de Palas Atenea protegida y oculta en su Partenón de La Recoleta, se multiplica en imágenes que se replican unas a otras en la obra de Nicola Costantino[7]. *Eva. El Espejo* es una instalación que forma parte

---

[6]La novela *La aventura de los bustos de Eva* del escritor argentino Carlos Gamerro, publicada en 2004, recupera la figura de Eva como fetiche de yeso e ícono memorialista que resulta atravesado por el misterio.

[7]El presente análisis de la obra de Nicola Costantino se encuentra en diálogo con lo publicado en 2017 por esta misma editorial: " *Rapsodia Inconclusa* de Nicola Costantino: del exceso a la ausencia de cuerpo" en A.Montes y M.C.Ares (Comp.), *Cuerpos presentes. Figuraciones de la muerte, la enfermedad, la anomalía y el sacrificio.*

de una obra mayor que es *Rapsodia Inconclusa*. La instalación está dedicada en su totalidad a la figura de Evita en la que se registran cuerpos repetidos y reversionados de una Eva-Nicola íntima. Desaparecido el original nos contentamos con lo que para Platón estaba en el grado ontológico más bajo, al borde del no-ser, con *eikones* (Εικόνες), sombras, reflejos en las aguas. Privadas de un original, proliferan las copias que se reflejan entre sí hasta el pa-roxismo en un juego de espejos. Refracciones de un neobarroco desequilibrado que no llega a convocar a su objeto-sujeto que es Evita. No puede convocarla pues se ha perdido, se desplaza, se escapa y desde esa carencia se multiplica en imágenes. La instalación de Costantino propone la repetición al tiempo que parcela y fragmenta la imagen de Eva para denotar que en el seno mismo de tales disrupciones espaciales emerge su eternidad. La obra que representó a nuestro país en la Bienal de Venecia en 2013 muestra a una Eva en el reflejo de un simulacro pues es la misma artista quien la encarna reproduciendo su vestuario, su peinado y sus gestos, pero espectralmente.

La instalación propone un dormitorio íntimo, lujoso, iluminado por dos pequeños veladores a los costados de la cama, y dos grandes espejos enfrentados. El aparente reflejo de una falsa Eva, se maquilla, se peina y con gestos de coquetería se acomoda su vestido en la soledad de su cuarto. El visitante ingresa con sigilo pues la obra propone una Eva íntima hasta que descubre que en esos espejos se proyecta la imagen de Costantino misma, caracterizada como Eva. El ambiente es inquietante y, por momentos, aterrador pues logra que el espectador viva una intimidad que le es ajena junto con la amenaza ilusoria de que Eva se presentará en persona de un momento a otro.

Consideraciones finales. Una trans-sublimidad barroca: un juicio reflexionante "a medias"

Anunciadas como mutaciones neobarrocas por los recursos con los que los cuatro autores/artistas representan el cuerpo de

Evita, cabe la reflexión del término neobarroco y la pertinencia de lo aquí aplicado. El Neobarroco es una poética y a la vez un modo de leer, el caso ejemplar es el Neobarroco de Severo Sarduy (1972) en el que sus ensayos pueden tomarse como una máquina de leer o bien como un soporte conceptual para abordar sus poemas y ficciones (Díaz 52). Cuando Haroldo Campos retoma el término en 2004 lo refiere como "transbarroco latinoamericano" pues incorpora el eje de la temporalidad a la expresión. Con Perlongher se engendra el término "Neobarroso" como derivación poética con la inclusión de lo fangoso por el carácter móvil del concepto. Como "Era Neobarroca" lo plantea Omar Calabrese y destaca la oposición con lo clásico al afirmar que la certeza es la característica fundamental de lo clásico, en tanto que la duda, la experimentación y las crisis son propias del Neobarroco (206). Esta sería la ley fundamental del canon, que lo clásico produce géneros en tanto que lo barroco degeera, desestabiliza los sistemas ordenados.

 El barroco latinoamericano ha sido considerado por el filósofo ecuatoriano Bolívar Echeverría, una forma de resistencia cultural a la modernidad capitalista. Su teoría del "*ethos* barroco" propone una suerte de "Modernidad alternativa" que puede leerse como una Modernidad no capitalista latinoamericana. El término *ethos* lo entiende como un principio de construcción cuyo fundamento son las intenciones de los sujetos y el barroco estaría designando esa resistencia a la lógica del "valor de cambio" y al rescate del "valor de uso" según la tradición marxista, es decir, privilegiando la forma natural de los objetos que se da en el consumo individual. Se abre así la posibilidad de pensar un barroco poscapitalista y mestizo en términos de una modernidad alternativa. Así es que en Perú, José Carlos Mariátegui no aprecia el coloniaje y el legado cultural hispánico con sus iglesias excesivamente decoradas y gongorinas, por el contrario, lo califica de reaccionario en defensa de los orígenes pre-hispánicos y promoviendo una visión marcadamente indigenista. Se registran afinidades entre el barroco tal como Bolívar Echeverría lo entendía hacia fines de los ochenta y lo que se configuró como neobarroco caribeño a mediados del siglo pasado. Sin embargo, lo que suscitó la posición del filósofo ecuatoriano, fue su oposición al concepto de posmodernidad, en respuesta y en medio del debate es que formula su concepción de barroco (Espinosa 65-80).

En América Latina, el barroco se plasmó como un estilo artístico y cultural bien heterodoxo. Algunos de sus exponentes más sobresalientes han sido José Lezama Lima, Severo Sarduy, Alejo Carpentier, quienes lo han entendido como producto de la transculturación moderna. Lezama Lima lo definió como "un arte de la contraconquista" y en general todos se oponían abiertamente a una modernidad de carácter iluminista, racionalista, homogeneizadora y cartesiana. En cambio, festejaban el advenimiento de un nuevo universo artístico y cultural en el que se celebraba la diferencia, los saberes débiles y el reciclaje, muy distante de los dualismos cartesianos. El neobarroco delineado por el filósofo italiano Omar Calabrese no se puede ubicar en la misma línea de Echeverría pues presenta un eco de defensa de lo posmoderno demasiado notable y por tanto cuestionable desde su perspectiva. Imposible dejar de mencionar la influencia del *Traverspiel* de Walter Benjamin y su figura alegórica de la ruina para pensar la historia como espacio de la muerte y de la melancolía con alusión a aquello que está ausente: "alegoría" es "decir lo otro", "decir algo para decir otra cosa": ἀλλος (*allos* = otro), ἀγορά (*ágora* = asamblea, plaza pública, mercado, discurso). Echeverría se apropia de esta idea benjaminiana para pensar la nueva identidad mestiza de los indígenas urbanos fundada en el espacio de la muerte, la catástrofe y de la conquista. Sí, resultan problemáticas las similitudes del posmodernismo y el barroco latinoamericano, pues presentan muchos puntos de contacto los rasgos de la cultura neobarroca y la lógica del capitalismo tardío tal como la caracteriza F. Jameson o incluso J. Baudrillard con su noción de simulacro. Lo que las distancia es la defensa del consumismo y del valor de cambio de la posmodernidad con su lógica de la equivalencia en contraposición con el aprecio por el derroche de eco Batailleano y la crítica al valor de cambio del barroco.

En esa suerte de derroche con carga simbólica religiosa, espiritual y política de resultados fantasmagóricos se visibiliza lo sobrenatural que a su vez fomenta la idolatría, una categoría social especialmente barroca. La búsqueda de las tradiciones vernáculas perdidas o incluso la invención de nuevas, creando antigüedades ficticias tal como lo proponía J. C. Mariátegui en América latina, son la condición de posibilidad para cualquier utopía. En la figura de Eva Perón se conjugan ambos movimientos: se la rescata del pasado histórico para dignificarla y para bastardearla al tiempo que en la actualidad se la reinventa proteiforme.

Eva Perón es un dispositivo mítico que se resiste a ser fijado con una identidad estable, única y delimitada, el barroco argentino -si lo hay- la transforma a la medida de las ideologías que la defienden o la denostan y la rodean de signos variados como en la obra *Suite bolivariana* de Marcos López, en la que Evita está acompañada por Carlos Gardel, el Che Guevara, el Gral. San Martín, Andy Warhol, una pileta tipo "Pelopincho", Evo Morales, Hugo Chávez, la bandera Wiphala, la ropa tendida en la soga, la manguera y el asado argentino. En *Suite bolivariana* el barroco latinoamericano deviene en lo que López identifica con el término "sub-realismo criollo" o "Pop latino" caracterizado como la extra-limitación, el exceso, el desvarío, el "cartoneo", el "mostrar la hilacha" y la apropiación de la religiosidad popular. El busto de Evita flota en la pileta de plástico con un salvavidas inflable, sonriente, con el traje sastre que lució en la portada de la edición de *La razón de mi vida* de la edición Peuser.

Tantas y tan variadas mutaciones de la figura de Evita parecen exigir unidad, contención, un paradigma moderno pediría una identidad estable, un universal desde el cual puedan leerse las versiones múltiples y así otorgarles un sentido único al cual remitirse. Frente a tal profusión de representaciones ni los datos históricos, ni la política ni el psicoanálisis logran determinar los confines de esa significación; el dispositivo Eva Perón se ha desmadrado. Sería un error recurrir al juicio estético de lo sublime kantiano intentando contener tal profusión[8], suponiendo que la aspiración a una idea pura de la razón pueda calmar lo incontrolable de las representaciones visuales y literarias. Si así lo hiciéramos estaríamos dando una contención falsa a semejante desborde. Sin embargo, quizá la postulación de un camino a la sublimidad sin llegar nunca a destino podría colaborar en la reflexión. La propuesta es pensar un "trans-sublime" que habilitaría al pensamiento latinoamericano a transitar el exceso que desborda la capacidad de nuestras facultades pero dejando suspendida la posibilidad de pensarlo en términos de infinito[9]. Dejaría que la reflexión transitara la variedad excesiva no conceptualizable, sin el apuro de buscar lo universal ni conjeturarlo ni pretenderlo. Por el contrario, permitiría instalarnos con profundidad en ese placer displacentero, que los románticos alemanes describieron con tanto rigor, sin la urgencia de cerrarlo, sin el apuro de etiquetarlo y sin postular universales incognoscibles como el infinito o Dios. Allí, quizá, lo latinoamericano pueda deslizarse con soltura, estremecerse en esa incomodidad e imprevisibilidad que nos es tan conocida y cotidiana en el cono sur.

---

[8] Respecto de la apelación a lo sublime en relación a Eva Perón, cabe mencionar a Beatriz Sarlo en el apartado "Lo sublime" de *La pasión y la excepción. Eva Borges y el asesinato de Aramburu*, donde desarrolla el concepto y declara: "(...) lo que rodeó la muerte de Eva Perón, y sobre todo, el tratamiento de su cadáver, tienen el carácter ilimitado y terrible de lo sublime pasional." (111). Allí desarrolla lo sublime respetando la caracterización kantiana del juicio.

[9] Esta propuesta intenta diferenciarse cabalmente del "anti-sublime descolonial" fundado en la dignidad propuesto por Madina Tlostanova. La carac-terización expuesta resulta interesante pero difícil de comprender pues no acaba de precisar con rigor en qué sentido la dignidad que la autora opone al miedo se relaciona con el juicio de lo sublime según la tradición filosófica del término (89).

Bibliografía

Abadi, Florencia y Lucero, Guadalupe. "Dialécticas del kitsch: el deseo en la cultura de masas. Favio, Santoro y los usos de la estética peronista". Oliveras, Elena (Comp.). *Estéticas de lo extremo*. Buenos Aires: Emecé, 2013. 249-283.

Alvarez, Ma.Eugenia. *La enfermera de Evita*. Buenos Aires: Instituto Eva Perón, 2010.

Borges, Jorge Luis.(1960). "El simulacro". Borges, Jorge Luis. *Obras Completas*. Buenos Aires: Emecé, 1974. 789.

Bratosevich, Nicolás y Grupo de Estudio. *Ricardo Piglia y la cultura de la contravención*. Buenos Aires: Atuel, 1997.

Calabrese, Omar. *La era neobarroca*. Madrid: Cátedra, 1987.

Cangi, Adrián. "Néstor Perlongher: metamorfosis, crueldad, dislocamientos". Perlongher, Néstor. *Evita vive y otros relatos*. Buenos Aires: Santiago Arcos, 2009. 7-20.

Celorio, Gonzalo. *Ensayo de contraconquista*. Buenos Aires: Tusquets, 2000.

Cortés Rocca, Paola y Kohan, Martín. *Imágenes de vida, relatos de muerte. Eva Perón: cuerpo y política*. Buenos Aires: Beatriz Viterbo Ed., 1998.

Copi (1969). *Eva Perón*. Buenos Aires: Adriana Hidalgo Ed., 2000.

Dujovne Ortiz, Alicia. *Eva Perón. La biografía*. Buenos Aires: Ed.Punto de lectura, 2002.

Espinosa, Carlos. "El barroco y Bolívar Echeverría: encuentros y desencuentros", en *Íconos.*, N°43. Quito: Revista de Ciencias Sociales, 2012. 65-80.

García, Raúl. *Micropolíticas del cuerpo*. Buenos Aires: Biblos, 2000.

Gamerro, Carlos. *La aventura de los bustos de Eva*. Buenos Aires: Edhasa, 2012.

Gómez, Pedro Pablo (Ed.). *Arte y estética en la encrucijada descolonial II*. Buenos Aires: Del Signo, 2014.

Lamborghini, Leónidas. "Eva Perón en la hoguera". Lamborghini, Leónidas. *Partitas*. Buenos Aires: Edit. Biblioteca Nacional, 1972.

Lebenglik, Fabián. "Juanito Laguna era peronista". Buenos Aires: *Página 12*, martes 27 de diciembre de 2004.

Lezama Lima, José. *La expresión americana*. Santiago de Chile: Ed.Universitaria, 1969.

Martínez, Tomás Eloy. *Santa Evita*. Buenos Aires: Planeta, 1995.

Mariátegui, José Carlos. *7 ensayos de interpretación de la realidad peruana*. Caracas: Biblioteca Ayacucho, 2007.

Perlonguer, Néstor. *Eva vive y otros relatos*. Buenos Aires: Santiago Arcos Ed., 2009.

Petrina, Alberto. "La ciudad justicialista". Santoro, Daniel. *Mundo Peronista*. Buenos Aires: La Marca ed., 1995.

Piglia, Ricardo. *La ciudad ausente*. Buenos Aires: Edit.Sudamericana, 1992.

Rosa, María Laura (2015). "Reflejos fugaces o de cómo construir un relato autobiográfico con la biografía ajena", en *Rapsodia inconclusa. Nicola Costantino* (cat. expo.), Buenos Aires: Fundación Amalia Lacroze de Fortabat, 2015, pp.52-63.

Sarduy, Severo. *El barroco y el neobarroco*. Buenos Aires: El cuenco de plata, 2011.

Sarlo, Beatriz. *La pasión y la excepción. Eva, Borges y el asesinato deAramburu*. Buenos Aires: Siglo Veintiuno, 2008.

Sarti, Graciela C. *Autómata. El mito de la vida artificial en la literatura y el cine*. Buenos Aires: EFFYL, 2012.

Sontag, Susan. *La enfermedad y sus metáforas. El sida y sus metáforas*. Buenos Aires: Taurus, 2003.

Tlostanova, Madina. "La aesthesis trans-moderna en la zona fronteriza eurasiática y el anti-sublime descolonial". Gómez, Pedro Pablo (Ed.). *Arte y estética en la encrucijada descolonial II*. Buenos Aires: Ediciones del signo, 2014.

Walsh, Rodolfo."Esa mujer". Walsh, Rodolfo. *Los oficios terrestres*. Buenos Aires: Ed.La Flor, 1986.

Daniela Giménez
Universidad de Buenos Aires

Cuerpos, memorias y deseos
Posibilidades y aperturas para existencias disidentes

> Nosotros mismos somos desconocidos
> para nosotros mismos: esto tiene un buen fundamento.
> No nos hemos buscado nunca
> – ¿cómo iba a suceder que nos *encontrásemos*?
> *La genealogía de la moral* - F. Nietzsche

Imaginemos, para sugerir la íntima relación que hay entre cuerpo y memoria, el inverosímil cruce de Irineo Funes[10], aquel que recuerda todo en absoluto, y *Orlando*, el ambiguo personaje de la novela de Virginia Woolf. El primero retiene en su mente todos y cada uno de los gestos, aromas, muecas, imágenes, sensaciones, án-gulos y perspectivas vividas, es una caja de almacenamiento infinito que guarda hasta el más mínimo detalle, es un ser pasivo que *recibe* recuerdos pero que no opera ningún nivel de razonamiento o voluntad sobre ellos. Su memoria, perfecta y omnipotente, se separa del cuerpo, perecedero y defectuoso, que le otorga una muerte común y corriente: una afección pulmonar. En el otro extremo, *Orlando* y su biografía, que abarca varios siglos de existencia. El cuerpo es un punto de inflexión en el que repercuten los oscilantes modos de recordar y de habitar el mundo. Esto es, con pantalones o con enaguas, Orlando no almacena recuerdos en forma pasiva, sino que hace convivir en su memoria escenas contradictorias y ambigüedades deliberadas. Su memoria y su cuerpo son femeninos o masculinos, o ambos al mismo tiempo. Irineo Funes descarta la precariedad corporal frente a su monumental memoria. Orlando entrama sus recuerdos según la variable de género y los vientos que soplen en el derrotero de la historia. Sin embargo, para ambos la memoria es un cauce de identidad: los modos

---

[10] Referencia al cuento "Funes el memorioso", cuento publicado por Borges en 1944.

de recordar se actualizan desde el presente de la enunciación para hablar y decir acerca de quiénes son.

Todo acto de memoria requiere una reflexión, un movimiento retrospectivo que posa, siempre desde el presente, la mirada hacia atrás, dotándola de sentidos específicos y a menudo conflictivos, ya que la memoria pone en evidencia las disputas en relación con el establecimiento de identidades sociales y colectivas, en ocasiones, minoritarias y excluidas, impugnadas o perseguidas. En efecto, con el lenguaje como instancia mediadora que permite articular aquello que se recuerda, la memoria es, al mismo tiempo, individual y social, oscilante entre los marcos sociales y culturales que impregnan de significantes a los recuerdos y las vivencias íntimas y subjetivas de un individuo.

La memoria colectiva, como propone Jelin, supone luchas políticas, esto es, discursos que confrontan, se legitiman y se impugnan en el debate por el pasado y sus interpretaciones, por nombrar y resignificar otros modos de habitar el mundo. No se trata de una lucha entre memoria y olvido, sino de un enfrentamiento de "memoria contra memoria" que no es estática o cristalizada sino circulante y variable. Por lo tanto, "la memoria como construcción social narrativa implica el estudio de las propiedades de quién narra, de la institución que le otorga o niega el poder y lo/a autoriza a pronunciar las palabras" (10). Entonces, ¿desde qué lugar de poder se establecen estos discursos?, ¿quiénes participan activamente de esa memoria y quiénes quedan por fuera, silenciados y omitidos?, ¿qué cuerpos tienen el derecho a la palabra?

A partir de la encrucijada entre cuerpo(s) y memoria(s), propongo analizar *La virgen cabeza* de Gabriela Cabezón Cámara, *Los topos* de Félix Bruzzone y la muestra audiovisual "Esta se fue, a esta la mataron, esta se murió" del *Archivo de la memoria trans*, para pensar cómo se articulan los modos de recordar con las identidades emer-gentes o alternativas y las posibilidades de otras configuraciones corporales, de otras existencias. La "contra-memoria", como gesto que quiebra la hegemonía de los discursos establecidos sobre la memoria colectiva y el pasado, se relacionará íntimamente con cuer-pos que desafían el paradigma heterosexual que define, de manera coercitiva y congruente, sujetos masculinos y sujetos femeninos. Los cuerpos transexuales, que rompen la idea binaria del género y quiebran la ontología de lo que se considera como humano o natural, enunciarán sus propias versiones del pasado -con saltos, con fragmentos, con ambigüedades- para legitimar la posibilidad de volverse *memorables*.

En suma, *memorias-otras* a partir de un archivo que vuelve "recordables" las vidas de los cuerpos trans y sus perspectivas alternativas acerca de la historia argentina reciente, una líder travesti que es médium de la Virgen María y una búsqueda identitaria que encontrará en la transexualidad un camino para rellenar los huecos afectivos provocados por el Terrorismo de Estado. El *corpus* pro-puesto pondrá de relieve cómo las posibilidades de recordar o de abordar el pasado por parte de los cuerpos ubicados en el umbral de lo humano los vuelve, de manera deliberada, agentes activos que intervienen y actúan en la historia, rompiendo las etiquetas de lo pasivo, lo enfermo, lo sufriente o lo que no tiene entidad.

1. Los cuerpos de la divergencia

La pregunta nietzscheana del epígrafe acerca de la identidad pone en entredicho la tradición que se remonta desde Platón, ya que los interrogantes que movieron la reflexión filosófica nunca apuntaron al quién, al cuerpo, a la existencia, sino al qué, al fundamento o a la razón que sustenta o legitima. Las preguntas, en el derrotero histórico del pensamiento occidental, nunca se orientaron al valor, a la voluntad, al *para qué*, sino que buscaron establecer y fundar una verdad única, estable e irrefutable. De allí la observación de Nietzsche acerca de cómo involucrar un cuerpo y una materialidad si, a lo largo de la tradición occidental, estos fueron abandonados en detrimento de la mente, del alma, de la razón. En efecto, dicha pregunta prepara un terreno discursivo fértil para indagar en el quién de los cuerpos trans, para poner en primera plana otras cartografías corporales que desafíen las perspectivas hegemónicas y binarias de lo humano y lo natural desde la apuesta por el descentramiento, el desorden y la indefinición. ¿Es posible generar un quiebre y que broten -como el curso de un caudaloso río que, con la fuerza de su paso, rompe las paredes que quieren contenerlo- otros modos de habitar el mundo? ¿Cómo es una identidad que no define, sino que mantiene, incesante y continuo, un movimiento pendular? ¿Cómo repercute esto en los discursos de la memoria?

A lo largo de los desarrollos teóricos de *Historia de la sexualidad,* Foucault pone la mirada analítica en cómo el sexo configura los cuerpos y las etiquetas de hombre y mujer, y con ellas, el estatuto de lo humano, la posibilidad de existencia legítima y, al mismo tiempo, el trazo entre el adentro y el afuera, entre lo normal y lo anormal, lo lícito y lo impugnado. El dispositivo de la sexualidad es efectivo porque actúa de manera coercitiva generando presión desde el exterior, aunque también desde adentro, es decir, es el yo quien lo interioriza para convertirse -o no- en un sujeto inteligible dando forma, moldeando tal o cual parte de sí mismo como materia principal de su conducta moral. En efecto, "es el sexo, punto imaginario fijado por el dispositivo de sexualidad, por lo que cada cual debe pasar para acceder a su propia inteligibilidad (...), a la totalidad de su cuerpo (...), a su identidad" (2010 148). Sexualidad y poder, entonces, se enlazan configurando cuerpos y domesticando placeres, haciendo deseable el sexo, proponiéndolo como un aparente espacio de liberación subjetiva. Sin embargo, en las dinámicas sociales el poder no está determinado de manera estática y vertical: este, desde la mirada foucaultiana, es circulante, fluctuante y relacional, por ende, las estrategias de resistencia y de apropiación subversiva son inmanentes al poder mismo y germinan desde adentro. En algunos planteos posteriores, como el de De Lauretis, se dirá que no sólo la sexualidad sino también el género, como representación o auto representación de los sujetos, funciona como dispositivo que influye en la condición legitimante de un individuo. Aunque hacer una lectura en clave genérica en Foucault es "haber ido más allá" de su propuesta, tampoco queda imposibilitada.

En este sentido, Butler profundizará el análisis genealógico no ya de la sexualidad sino del género: es este quien determina el estatuto humano de un cuerpo inteligible y legal, y -al mismo tiempo- señala la inhumanidad y la vulnerabilidad de un cuerpo incoherente, que queda entre fronteras o en un no-lugar. A partir de proponerlo como performativo, esto es, como una repetición de actos discursivos más o menos inestables que conforman una identidad bajo la lógica binaria y heteronormativa de lo femenino o lo masculino, desarticula los conceptos de original y copia, de origen y naturaleza, y la relación unívoca entre sexo, género y deseo. Dice Butler (2007):

> Cuando la condición construida del género se teoriza como algo completamente independiente del sexo, el género mismo pasa a ser un artificio ambiguo, con el resultado de que *hombre y masculino* pueden significar tanto un cuerpo de mujer como uno de hombre, y *mujer y femenino* tanto uno de hombre como uno de mujer. (55)

Para ampliar este punto sobre las ficciones de género, es relevante pensar en *Testo Yonqui*, de Beatriz Paul Preciado, en donde se narran los experimentos y transformaciones subjetivas a partir de la ingesta de testosterona en un cuerpo biológicamente femenino. Incluso, en las experiencias de los talleres de *Drag King* se enfatiza la parodia y la teatralización de la supuesta naturaleza que fundamenta la diferencia genérica, pues "Lo importante no es haberse vestido de hombre (…) sino haber hecho colectivamente la experiencia de la dimensión construida y arbitraria de nuestro género" (258).

En efecto, la transexualidad expone el artificio del género, abogando por un reconocimiento de ejercicios sexuales e identitarios alternativos y poniendo en entredicho la normatividad que supone un estrecho espacio para otras vidas posibles, impidiendo nuevos modos de realidad. La disputa, desde esta perspectiva, es discursiva y corporal, ya que: "a nivel del discurso algunas vidas no se consideran en absoluto vidas, no pueden ser humanizadas, no encajan en el marco dominante de lo humano y su deshumanización ocurre primero en este nivel" (Butler 2006 45). Dicha deshumanización que se juega en el lenguaje, en la nominalización y en la ubicación semántica de la otredad, es la que justifica y refuerza, en un segundo momento, la violencia física en los espacios públicos, el maltrato institucional y la negación de derechos elementales, de identidades y de existencias.

En suma, tanto los géneros como las memorias se configuran como terrenos de disputas políticas, pues el cuerpo trans manifiesta modos de recordar y vías de construir su propia memoria, o contramemoria, en consonancia con el gesto disruptivo de su propia cartografía corporal. Existen, entonces, *memoria(s) queer(s)* o *modos queer*[11] de interpelar al pasado de los que se valen los grupos emergentes, que quedan por fuera de lo que Pollak denomina "la memoria nacional" o enmarcada. Esto es, si la memoria es cohesiva y conciliatoria, como marca de pertenencia afectiva a un grupo o comunidad -como lo establece Halbwachs-, también se constituye como coercitiva, porque delimita, de un solo trazo, un adentro y un afuera. Por lo tanto, entre aquello que se recuerda y se nombra y aquello que permanece oculto, indecible e inconfesable, fluctúan una memoria que responde a las imágenes o versiones que la sociedad en su mayoría o el estado quieren propagar y otras memorias, relegadas y minoritarias, llamadas "subterráneas" (19). Aunque permanecen prohibidos, peligrosos y silenciados frente al carácter "destructor, uniformizante y opresor de la memoria colectiva nacional" (18), estos recuerdos disidentes no se disipan, sino que están confinados a la esfera privada, al susurro, a la transmisión a media voz y de forma oral de generación en generación,

---

[11] El término *queer* piensa a los sujetos con prácticas sexuales disidentes como una instancia de cuestionamiento radical de la categoría misma de identidad. Mediante la reapropiación positiva del término, por parte de los colectivos que se reivindican desde la oposición a las instituciones y los modelos establecidos de subjetividad que los marginan, la Teoría Queer surge como un impulso contes-tatario e impugnador de las esencias, de la identidad como el proyecto moderno que organiza la sociedad, que asigna espacios, hábitos, ejercicios y jerarquías en ba-se a la naturalización de la heterosexualidad.

a la espera de que las coordenadas sociales y políticas de la memoria colectiva nacional cambien para poder manifestarse e intervenir en el espacio público.

1.1. Poses, recuerdos y materialidades imposibles

La iniciativa para la fundación del *Archivo de la Memoria Trans* de María Belén Correa -fundadora de ATTTA [Asociación de Travestis, Transexuales y Transgéneros de Argentina]- y su ya fallecida compañera Claudia Pía Baudraco, se vio posibilitada de partir del año 2012 con la sanción de la Ley de Identidad de Género. Este cambio de coordenadas sociales y políticas, como sugiere Pollak, habilitó no solo el regreso del exilio, sino también la posibilidad de visibilizar la emergencia de recuerdos, anécdotas, orígenes e historias de los movimientos y comunidades trans en Argentina. El *Archivo*[12] tiene una doble función: por un lado, es una compilación de fotografías y de relatos de vida que recuperan la experiencia en la cárcel, el exilio o la muerte anónima y olvidada y, por otro, es un núcleo de militancia e intervención política que se sitúa en las coordenadas del presente para actuar en el espacio público, generar lazos y redes de conexión y compañerismo, participar en discusiones y problemáticas actuales del colectivo, como el cupo laboral trans y la necesidad de construir una sociedad más plural e igualitaria. El *Archivo*, que se alimenta de rollos de fotos, de pequeños objetos de la vida privada, car-tas manuscritas y postales que sobrevivieron al paso inexorable del tiempo, expone formas disidentes de circulación de los recuerdos -que proponen con-

---

[12] Foucault (2002) propone al archivo como el acervo que comprende el "sistema de la discursividad, a las posibilidades y a las imposibilidades enunciativas que éste dispone" (219). Esto es, los discursos no se entienden desde un lugar individual o reducidos a su mera significación, sino que forman parte de un entra-mado que responde a las coordenadas culturales de una época determinada, que traza los límites de lo enunciable y lo pensable. Si el archivo es la ley que delimita lo que puede ser dicho, que se ubica en el umbral de los discursos posibles, el giro que provoca la idea de un *archivo trans* revierte y resignifica lo que puede ser recordable, pensable e incluso nombrado.

cepciones alternativas, e incluso confrontativas sobre el pasado reciente argentino- y otras redes afectivas posibles que reemplazan o mitigan la expulsión temprana del seno familiar. Ante todo, el *Archivo* no es sino el testigo que da cuenta de una vida, que otorga referencialidad, nombres y siluetas a cuerpos socialmente censurados e impugnados.

En la muestra fotográfica y audiovisual "Esta se fue, a esta la mataron, esta murió", se expone una gran cantidad de fotografías situadas en los años ochenta y noventa que muestran los espacios de circulación -algunos clandestinos, otros no-, suscitando la reflexión y la revisión en torno a las condiciones de existencia del colectivo. No es menor, pensando los entramados entre la memoria, el cuerpo y la identidad, que la sala de exposición elegida sea en el Centro Cultural de la Memoria Haroldo Conti[13], en la sección "Cuerpos políticos" entre diciembre de 2017 y marzo de 2018. Iniciado en noviembre de 2017, este espacio se abre hacia la conmemoración crítica en torno al Día Internacional contra la Violencia hacia las Mujeres -entendiendo el significante "mujeres" en toda su amplitud y diversidad-, lo cual supone que esta exposición pone en evidencia los lazos entre los cuerpos plurales, los cuerpos estigmatizados y violentados, y las posibilidades de resignificar las matrices de lo recordable y lo olvida-ble como un acto político que va más allá del mero rememorar. Por ende, ¿qué impacto tiene en la memoria colectiva nacional, en términos de Pollak, la salida a la luz de estos recuerdos "no dichos"?

Ante la inminencia de las imágenes y el peso que ganó su circulación a fines del siglo pasado, Sontag dirá que la fotografía no sólo genera una influencia sobre lo que merece la pena mirar y observar, sino que también es, en primera instancia, una gramática y una ética de la visión (15). En este sentido, el *Archivo* se apropia de la potencia

---

[13] Ubicado en el predio de la Ex ESMA, en donde funcionó uno de los Centros Clandestinos de Detención, Tortura y Extermino más emblemático durante la última dictadura cívico-militar en Argentina, es un espacio recuperado en 2008 para la promoción de las políticas de la memoria y los derechos humanos.

de las imágenes para hacer circular otras versiones sobre lo trans, generando una gramática y una ética propias, o, en otras palabras, suscitando con cada imagen un ejercicio interpretativo de la mirada que obliga a suspender o revisar los prejuicios y estereotipos, entablando un lazo empático con aquello que se observa. Por ende, las fotografías emergen como testimonios de experiencias vitales, signadas por el dolor de la pérdida, la muerte omnipresente y la violencia institucional, pero también juegan con los contrastes pro-pios de una sonrisa cómplice en una escena de la vida cotidiana, los brillos de un vestido lujoso, las prótesis exuberantes, las poses que parodian a las grandes divas, la libertad, los colores y las plumas de los días de carnaval. Como propone Pollak, el susurro y el silencio son estrategias subversivas o modos-otros en que las memorias circulan con el objetivo de que no sean reabsorbidas e integradas den-tro de la pretendida homogeneidad de la memoria nacional, lo que borraría las resistencias, matices e insignias que las definen en su singularidad como colectivo trans. Por ende, no se busca una incorporación pasiva a los discursos hegemónicos sino expandir los límites y posibilidades, alejándose y resignificando las ideas cristalizadas de víctima, pobreza y marginalidad, de la infertilidad de una vida ubicada en la clandestinidad.

Una de las secciones temáticas de la muestra aúna imágenes en torno a desnudos y besos, que ponen en primera plana cuerpos entrelazados y erotizados, borrando los límites entre el ámbito privado y público, entre un cuerpo y otro, entre los vínculos afectivos posibles o imposibles. Como el cuestionamiento va más allá de habilitar ciertas prácticas o identidades, se trata de interpelar y deconstruir la propia ontología humana, de volver real y posible lo establecido como irreal e imposible. Lo que hacen estas imágenes es poner en funcionamiento la exhibición -mostrando lo obsceno, quitando el velo- de aquello que se sale de los límites de lo social-mente establecido, de aquello que irrumpe de manera sorpresiva, de la aparición del *punctum*, en términos de la interpretación fotográfica de Barthes.

Al contrario del *studium,* esto es, la imagen armónica, unida y coherente con las coordenadas culturales imperantes, el *punctum* es un desgarramiento, un elemento heterogéneo, inentendible e innombrable, que se configura como "una especie de sutil más-allá-del-campo, como si la imagen lanzase el deseo más allá de lo que ella misma muestra" (109). Abriendo, entonces, las posibilidades de posar la mirada hacia un espacio velado o nebuloso, uno de los cuadros pone de relieve un cuerpo trans, un torso desnudo que exhibe las flamantes prótesis mamarias y una sonrisa en primera plana. Como telón de fondo, fuera de foco y difuso, emerge el Congreso de la Nación. Adelante, el artificio de la prótesis exuberante y de la sonrisa, de fondo, la ciudad y la ley. El contraste la vuelve una imagen pensativa -y al mismo tiempo subversiva (81)- que es crítica y discreta al mismo tiempo, que genera una irrupción leve de elementos heterogéneos, que dispara sobre el receptor un cortocircuito sutil que lo llevará, sin dudas, a la reflexión.

2. *Imaginarios de lo irreal, monstruos hacedores*

Tanto en *La virgen cabeza* (Cabezón Cámara) como en *Los topos* (Bruzzone), el cuerpo trans se constituye como un punto de inflexión que reivindica toda su potencia como un gesto contestatario a la exclusión sistemática, la violencia estatal y la estabilidad genérica heterosexual. Esto es, Cleo, en la novela de Cabezón Cámara, es una líder villera, exprostituta e intérprete de la Virgen María, que con-densa nuevas configuraciones para la religión, la lengua, los lazos afectivos, el trabajo y la economía autosustentable. Maira, en la no-vela de Bruzzone, amante-hermana del protagonista, es el motor que moviliza la búsqueda de una identidad arrancada por el Terrorismo de Estado, proponiendo nuevas cartografías para lo familiar. Así como sexualidad y religión conviven en la travesti devota de una Virgen deforme y de cemento, pues "un lechazo de Cleo era un poco como agua bendita para todos, por transitividad: mi mujer es la elegida de la virgen" (115), Maira es nombrada como mata-policía, guía espiritual y protectora, informante de la policía, asesina, justiciera en nombre de sus padres desaparecidos, amante del protagonista, posible hermano nacido en cautiverio y una travesti militante de una corporación que quiere "eliminar a todos los putos del planeta" (45). De allí que es notable cómo estos personajes, que funcionan como bisagra en el curso de los acontecimientos, portan un cúmulo de cualidades que dan cuenta de identidades múltiples, oscilantes, ambiguas y contradictorias. Al mismo tiempo, son hacedores y protagonistas de la historia en su radical y profunda transformación. La "Ópera Cumbia" es un proyecto estético-político que nace en la villa y se exporta al mundo sin fronteras. En *Los topos,* la experiencia de la transexualidad es asumida por el mismo protagonista, ya que en esa fuga identitaria puede reunir y sintetizar elementos disímiles, incompletos o truncos, en el afán de reconstruir una genealogía familiar interrumpida por la violencia estatal.

Así como el *Archivo de la Memoria Trans* desafía las etiquetas de lo doliente, lo pasivo o lo imposible, poniendo de relieve cuerpos impugnados, contra-memorias y voces silenciadas, en los mundos imaginarios de Cleo y Maira también brotan cartografías de la alteridad con nuevas improntas. Negri propone dotar de otros sentidos el avance de la historia, esto es, entenderlo desde una perspectiva diferente a la tradición eugenésica del poder, o de los vencedores. Se trata de *monstruos* que hacen, *monstruos* que se vuelven sujetos activos, *monstruos* que intervienen con la potencia de su voz y de su cuerpo en el curso de los acontecimientos. La eugenesia, o el hecho de nacer "bien" como legitimación única y suficiente para detentar el poder, que se extiende desde la época clásica, esgrime la diferencia entre *bios* y *zoé*, esto es, entre la vida calificada, el vivir bien, la vida política en la *polis* y la nuda vida, la vida anclada en la biología, la pura carne, la mera existencia. Sin embargo, a partir del Marxismo, Negri propone revisar la historia a través del monstruo-sujeto (como representación de una otredad que no se constituye como el mero reverso de la normalidad), quien genera los saltos y luchas e interrumpe la ley y el orden dado, pues ya no es lo exterior al poder, sino que se encuentra inmerso en el sistema productivo mismo. La lucha de clases, entonces, devela al monstruo biopolítico: tiene ejercicio sobre la vida, por ende, se transforma en un sujeto que puede negar y oponerse al poder imperante (y a la concepción eugenésica que lo sostiene).

Como desafío en la contemporaneidad, desde el concepto de "cuerpo sin órganos" de Deleuze y Guattari, que hace referencia al modo de encarnar -es decir, de hacer cuerpo- una resistencia subversiva, de suspenderse en la dimensión de la carne desorganizada, dessubjetiva y carente de sentido fijo, antes que en el cuerpo / organismo/sujeto, Negri hablará del *monstruo posmoderno*, una figura que puede poner en funcionamiento *una ontología en ebullición* como oposición radical al orden imperante a través de la expresión de una nueva genealogía (133). Como Cleo y Maira, el monstruo posmoderno no sólo es resistente ante el orden social sino, ante todo, rebosante de vitalidad, desplegando toda su potencia en el caos y en la indefinición.

Siguiendo esta línea, el monstruo se erige como la *contracara* del sujeto unitario, liberal y propietario: Butler y Athanasiou sugieren que las luchas políticas deben articularse en base a la *desposesión,* a la expropiaciónde dicho sujeto. Este término, a partir de los diálogos entre las teóricas, sugiere, por lo menos, dos sentidos: la desposesión es una perspectiva de la performatividad política que arranca al sujeto cerrado, soberano y propietario de sí mismo, y lo pone en consonancia con otros, con la alteridad que le es constitutiva. El yo no puede ser singular sino plural y relacional, es en el contacto con los otros en que se edifica la subjetividad. Sin embargo, las teóricas también proponen que, como consecuencia de este "salirse de sí mismo", la desposesión también hace referencia a la posición precaria o irreal de buena parte de la población, desechable y olvidable en términos biopolíticos. La transexualidad y la lucha de las minorías sexuales, pero también los refugiados, los inmigrantes, las mujeres, los indigentes, son cuerpos desposeídos de una vida visible y legítima. No obstante, la desposesión es una iniciativa de resistencia en con-junto porque desafía las leyes de la normatividad social, se trata de "convertirse en desposeído del yo soberano y entrar en formas de colectividad que se oponen a las formas de desposesión que sistemáticamente echan por la borda poblaciones enteras de los modos de justicia y de pertenencia colectiva" (2017 14).

En suma, la desposesión puede ser deliberada desde las formas biopolíticas del orden social, con las restricciones en las fronteras, la imposibilidad de desarrollo de identidades emergentes, en la nula distribución de las riquezas, en la negación a derechos esenciales y básicos a buena parte de la población, pero también es el gesto -emancipador sin dudas- de *desposeerse* del sujeto unitario, hacedor y propietario de sí y de la historia, que entiende el curso de esta desde la racionalidad de una sucesión única y objetiva de acontecimientos. De allí que el protagonista de *Los topos* entiende que no logrará saldar el vacio en su propia historia desde la militancia en HIJOS[14] o con las estrategias de su abuela Lela, sino saliendo de sí. Migrando hacia otra corporalidad y hacia otras configuraciones sexo-afectivas es que, en el final, parece encontrar, con el tono onírico que recorre toda la novela, un origen y una estabilidad. Al igual que Qüity, la periodista amante de Cleo que se encuentra sin un horizonte laboral y afectivo hasta que ingresa a "El Poso", en donde se consagra a la identidad villera y al movimiento colectivo revolucionario mediante el tiro de gracia que le pone fin al sufrimiento de una joven calcinada, presa de la clandestinidad de un prostíbulo.

La desposesión, en este gesto de salirse de sí y entrar en órbitas compartidas, también se configura como una disputa en torno a lo recordable y lo olvidable, a las luchas al interior de la memoria colectiva, a las muertes anónimas o aquellas que merecen los rituales del duelo[15]. Por eso, el espacio que configura lo *memorable* se enlaza,

---

[14]*Los topos* se ubica dentro de la constelación de novelas que retoman los años 70 desde la perspectiva de los hijos de los y las militantes. Sin embargo, genera desvíos en relación con las temáticas recurrentes de este género (como la militancia en HIJOS, los escraches a genocidas, la lucha por la verdad, la memoria y la justicia, la reivindicación y la búsqueda de los padres desaparecidos), desde un tono de irrealidad e incertidumbre que sugiere que todas las identidades son volátiles y ausentes.

[15] A partir de los rituales del duelo, Butler (2006) reflexiona acerca de las fronteras que separan a los cuerpos que son dignos del dolor público, mediante insignias, placas o monumentos, de aquellos otros que no son plausibles de rituales,

al mismo tiempo, con el reverso de lo olvidable y lo ininteligible. Al comentar la intervención artística de la artista griega Leda Papaconstantinou sobre algunos cementerios judíos y armenios de Tesalónica, otorgando visibilidad de manera simbólica a las muertes que quedaron en el anonimato, Athanasiou explica que:

> Tal re-membranza se conecta con los modos en los cuales la memoria-política es producida a través, y predicada sobre, una constante respuesta y enfrentamiento que se apoya en lo que importa como memorable, que se pregunta en torno a quién es dueño de la memoria, o quién y qué es desposeído del derecho y los rituales de la memorabilidad. (212)

En este sentido, cuando en "El Poso" se interviene el terreno para armar un estanque de agua que albergue a las carpas -el proyecto de piscicultura que la Virgen recomendó-, surgen de la tierra restos arqueológicos de otros abandonados y violentados de la historia. La cita que sigue pone de relieve cómo el espacio villero es protagonista de las grandes masacres y revoluciones en el territorio nacional, pero también es testigo de las gestas latinoamericanas y mundiales más sobresalientes o más desconocidas, como si la materialidad de la tierra fuera una suerte de espacialización del tiempo, un receptáculo que protege y conserva los resabios de los cuerpos involucrados en las luchas históricas:

> Teníamos muertos de tierra adentro y de tierra afuera, muertos de todos los colores, muertos mutilados de la última dictadura, muertos armenios del genocidio que

---

visibilidad o nombramiento. Reconociendo simbólica y discursivamente a algunos cuerpos y a otros no, la memoria colectiva opera de manera selectiva.

no recuerda nadie, muertos de hambre de los últimos gobiernos democráticos, muertos negros de Ruanda, muertos blancos de cuando la revolución en San Petersburgo, muertos rojos de todas las revoluciones de todas partes, hasta un diente de Espartaco encontramos, muertos unitarios con una mazorca en el orto, y muertos indios sin orejas, de esos había un montón, era de los que más había. (72-73)

Diferenciando y especificando diversas circunstancias históricas que provocaron las muertes, la acción de nombrar y volver singular la mirada sobre la masa amorfa de cadáveres y restos óseos sobre aquel suelo pútrido es una acción que, según Butler, "hace el luto, memorializa y resiste, todo al mismo tiempo" (213). Por ende, es la academia -con los arqueólogos universitarios armando oficinas *in situ*- la que ingresa en dicho espacio, es el conocimiento que toma realce y dimensión en las ruinas villeras, es la búsqueda de identidades que necesitan aflorar desde los escombros para volver *humanos y existentes* a esos muertos, anónimos y cubiertos, de manera deliberada, con el velo del olvido.

2.1. *Ficciones de mundos nuevos*

Continuando con los entramados entre el cuerpo trans y la posibilidad de emergencia de mundos-otros, Rancière propone una articulación entre la política y la estética en la posibilidad del disenso y la expansión de los límites de lo visible/invisible en el reparto "policial" de la enunciación y el derecho a la palabra. Frente al régimen de la mediación representativa y el régimen de la inmediatez ética, el *régimen estético* es aquel que tiene un lazo con la política me-diante el disenso. Pues la estética supone una ruptura entre las intenciones del arte y los fines o sentidos que pueden provocar en el espectador, que son indeterminables (y aquí reside su paradoja: tiene una impronta política pero esta tiene un impacto incalculable en los receptores). Asimismo, la política se relaciona con el disenso porque reconfigura el espacio de la palabra y el ruido, de lo visible e invisible y el espacio de lo común que la policía -la ley- establece como un orden dado, preexistente e inamovible. La ficción, entonces, permite romper el consenso impuesto desde la perspectiva de un mundo cerrado, homogéneo y carente de fisuras: "La ficción no es la creación de un mundo imaginario opuesto al mundo real. Es el trabajo que produce *disenso,* que cambia los modos de presentación sensible y las formas de enunciación al cambiar los marcos, las escalas o los ritmos" (67). Ambas novelas presentan la irrupción y la visibilidad de los personajes más postergados de la sociedad como agentes activos que intervienen y protagonizan la construcción de un orden diferente.

La Virgen Cabeza erige la posibilidad del liderazgo político y espiritual en manos de una travesti, quien interviene de forma continua en el relato que Qüity, la periodista, reconstruye acerca del proyecto de piscicultura, el movimiento estético de la "Ópera Cumbia", la reapropiación del culto religioso y el arrasamiento del espacio villero por parte del afuera, de la ciudad, de la ley coercitiva que los pone, de manera constante, en peligro. Sin embargo, con sus propias marcas de habla, con una lengua híbrida entre lo oral y lo escrito, entre el español rioplatense, el peninsular y el inglés, entre lo alto y lo bajo, entre citas bíblicas y poesía, Cleo interviene y corrige las versiones incompletas o falaces que Qüity expone. Su voz es legítima y legitimante de su propio derrotero de vida, su voz modula un incesante movimiento *fagocitador* de la religión, los lazos familiares, las instituciones, la sexualidad, la gramática, la amistad. La villa -con Cleo al frente- deglute, digiere y transforma porque ya no es pasiva sino activa, rompiendo los significantes de la pobreza y la precariedad: es este el centro que mezcla el olor a tostadas con mermelada y excrementos, los rituales religiosos con prácticas sexuales y consumo de drogas, que irradia sonrisas desdentadas y ritmos de *reggaetón,* que le otorga a Susana Giménez el milagro de volver a caminar.

Por ende, el culto de la Virgen y su imagen no pueden ser sino híbridos y desproporcionados: se trata de una estética que explica la deformidad más allá de la falta de talento, se vuelve ostensible porque es una mirada sobre el mundo que nada tiene que ver con las lujosas catedrales que emergen, como queriendo ser una sombra, del otro lado de los muros villeros:

> La Virgen Santa y todos sus santos parecían sarcófagos de yeso a la medida de desnutridos o extraterrestres, de esos que dicen que la NASA oculta en algún lugar de este bello país (…) La desproporción era necesaria para expresar la esperanza de los pobres, tan ofendidos, tan golpeados y tan humillados y sin embargo tan dispuestos a creer en que hay salvación para ellos: el escultor, las travestis, las pibas, las gordas desdentadas, los pibes chorros, los albañiles, estaban todos reunidos ahí en el poso con-vencidos de que la virgen iba a protegerlos. (56)

Si esta novela es un relato de la mezcla y de la síntesis, en donde todos los aspectos y discursos quedan integrados a la lógica "devoradora" de la villa y de su líder, *Los topos,* al contrario, es el desarrollo del eterno suspenso, del plano de lo onírico o de lo posible y lo que queda inconcluso, del enigma jamás resuelto y de la pregunta nunca formulada. Se trata de una novela que une todos sus acontecimientos como saltos dirigidos por el azar y la paranoia, que sostiene las incógnitas en el linaje familiar desde el comienzo: "Mi abuela Lela siempre dijo que mamá, durante el cautiverio en la ESMA, había tenido otro hijo" (11). Ante aquello que no está, ante aquellos interrogantes que no pueden resolverse, ante los silencios y los vacíos, proliferan artificios y juegos de apariencias que niegan toda fidelidad o idoneidad, cuando, por ejemplo, el protagonista debe dar cuenta de sí mismo, hablando con otros, llenando formularios, pensando su propia genealogía: "Mientras volvía me sentía un intruso en la vida de todos. Algo parecido me había pasado siendo vagabundo, albañil, repostero, todas ocupaciones que pude llevar adelante pero que en realidad habían sido casilleros de una grilla administrativa, algo que nunca es del todo fiel a la verdad" (132). Sin embargo, el cruce con Maira, la hermana-amante, funciona como una "brújula" que le brinda, no sin un grado de sobreinterpretación y delirio, un camino en la búsqueda de su hermano que finaliza con su propia transformación identitaria.

En un mundo de identidades "de topos", híbridas, sospechosas, que pueden ser, al mismo tiempo, víctimas y victimarios, torturados y torturadores, atravesadas por los huecos que dejaron las desapariciones forzadas y las muertes clandestinas, la identificación trans le brinda al protagonista una máscara que, a falta de certezas, le permite construir un relato de sí. El protagonista tiene claro que su madre es una militante detenida-desaparecida, pero existe un hueco en relación a su padre, que se traduce en la duda acerca de su propia paternidad: "Buscar a mi hijo era buscar mi lugar de padre. Vengar a Maira era hacer justicia también con su padre -y, si éramos hermanos, con el mío- y ser, en cierta forma, su hermano mayor, que también es como ser una especie de padre. Tres padres en uno" (128). De allí, la construcción de una familia posible, hacia el final de la novela, con Maira, la amante-hermana, y el Alemán, el amante-padre, asesino de travestis, desaparecido y desaparecedor y supuesto entregador de su madre, al que el protagonista quiere matar en un primer momento pero, luego, termina enamorándose de él. En este sentido, Butler y Athanasiou proponen que la "genealogía *queer*" (77) también se configura como una instancia que interpela los lazos sociales, fami-liares y afectivos al interior del orden social[16]. Es decir, se trata de construir

---

[16] Las autoras mencionan la película griega *Strella* (2009) que reinterpreta y refuncionaliza el mito edípico a partir de la relación paterna-amante entre Strella, una prostituta transexual, y su padre Yorgos, quien desconoce que se trata de su hijo. Al igual que en la novela de Bruzzone, en la relación amante-paterna entre el protagonista y el Alemán, se deconstruye la Ley del Padre y el tabú del incesto co-

posibilidades de parentesco y de filiación afectiva -un hueco difícil de llenar a lo largo de la novela- que sean diferentes a los lazos dominantes o las estructuras heteronormativas que otorgan -o quitan- legitimidad e inteligibilidad a los vínculos y relaciones entre los sujetos.

3. A modo de cierre: más preguntas

Por un lado, como una suerte de umbral que separa dos mundos, en el arco de entrada de "El Poso", las palomas blancas pintadas -lejos de aparentar un símbolo de paz- no están sino incrustadas sobre la superficie como el gesto violento, entre muchos otros, de imponer discursos, versiones y miradas desde el espacio periférico de la ciudad. Sin embargo, en el continuo juego de lo híbrido que allí se despliega, unos dibujos de "poronguitas para todos" (38) habitan la superficie, resignificando las palomas, los animales y demás dibujos infantiles. Así, las cámaras que rodean el muro no son de seguridad o de control para prevenir potenciales delitos, sino que son cámaras televisivas, de espectáculo, pues ellos son "artistas", son vidas que merecen ser filmadas y registradas. Es la impronta del espacio villero, en el doble movimiento incesante de deglutir y transformar, como un modo de comprender el mundo -el propio y el circundante- y de manifestar una voz posible que pueda autorreferirse por fuera de la cristalización de lo estéril y el despojo, poniendo de relieve el carácter fecundo de lo híbrido y lo mixto. Pues allí, en donde aparece la figura de la Virgen deforme y humana, quien sufre la maternidad y la violencia machista, en donde proliferan las parábolas religiosas, que se actualizan -con su tono pedagógico- a partir de las problemáticas de la villa, en donde brota la diversidad de los vínculos sexo-afectivos, en donde existe una circulación legitima del conocimiento, todo es posible "y eventualmente, divertido: de tanta superposición, todo cogía con todo" (111).

---

mo mediaciones para construir afectos familiares, dando lugar a vínculos diferentes.

Por el otro, ante una *identidad que no identifica*, intermitente y difusa, Lela, la abuela, encuentra guiños y pistas absurdas acerca del supuesto nieto nacido en cautiverio en su propio trabajo: la repostería y la decoración de tortas. Lo indecible y lo desconocido irrumpen en la cotidianeidad de la vida ante la decoración con motivos brasileños: "Lela, desde luego, decía que el joven era mi hermano" (29). Convencido a partir de este primer indicio, lábil y disparatado, el protagonista vuelve a recibir señales sobre las identidades perdidas, ahora, en una torta decorada con motivos de superhéroes que le revela la conexión entre Robín, Maira, el joven brasileño que su abuela dibujó con anterioridad, y él mismo. Frente a estos ecos que se propagan con el fin de buscar respuestas y resolver incógnitas, la experiencia de *ser topo*, esto es, la apariencia y el artificio, la sospecha, las máscaras, las verdades opacas o reveladas a medias, se extiende hacia todos los personajes, como si el paso del Terrorismo de Estado hubiera trazado un corte transversal en la subjetividad, impregnando la identidad de huecos, de palabras impronunciables, como una barrera que no permite el acceso hacia lo idóneo de cada uno. Sin embargo, la transexualidad, en este sentido, es aquella que le otorga al protagonista un grado más de estabilidad, un rumbo, un cometido, una esperanza: de la experiencia erótica con Maira hacia la propia salida de sí mismo como una transformación corporal y psicológica que le brinda nuevas configuraciones afectivas y filiales.

Por su parte, el *Archivo de la memoria trans* abre las puertas de un universo no solo desconocido sino también negado. Poner de relieve imágenes, objetos de la vida cotidiana, cartas, relatos orales en donde emergen, en primera persona, anécdotas, recuerdos infantiles y adolescentes, la estrategia de ponerse nombres y sobrenombres, y las redes que se construyen desde la invisibilidad, generan fisuras en las coordenadas de un orden social, en apariencia, cerrado, único y establecido de una vez y para siempre. De allí que las diferentes lecturas propuestas giren en torno a brindar otras versiones del dolor y la exclusión, de la vida en los umbrales de la imposibilidad o la irrealidad. Pues "dolerse y convertir la aflicción en un recurso político no es resignarse a una simple pasividad o impotencia" (Butler 2006 43), sino todo lo contrario: se trata de reapropiarse y subvertir, de manera activa, aquellas tecnologías que producen sujetos bajo la lógica de la producción y la normalidad imperantes. Por ende, la apuesta se posiciona desde la disputa colectiva y política que cues-tiona aquella constelación de cuerpos que pueden circular y desarrollarse de manera lícita y que tienen la palabra habilitada, y aquella que queda relegada, silenciada y catalogada como cartografías de la anormalidad y de lo imposible. El mismo movimiento se replica en los modos de recordar: qué sucesos o acontecimientos se recuerdan o se olvidan, cómo se dota de sentidos el tiempo pasado, posicionándose siempre en el presente y proyectándose hacia el futuro.

Sin embargo, es significativa y relevante la advertencia de Butler y Athanasiou cuando, frente a estas problemáticas, las disputas se vertebran desde la dicotomía de "tener o no tener" el cuerpo propio. Si bien el afán de "poseer" la corporalidad desposeída y excluida es un modo de enfrentar a las normativas sociales, todo cuerpo está desde el principio más allá de sí mismo, y este es el fundamento del accionar inevitablemente colectivo y relacional de cada sujeto:

> A través de nuestros cuerpos estamos implicados en intensos procesos sociales de interdependencia y relación, estamos efectivamente expuestos, desmembrados, dados a otros y desarmados por las normas que regulan el deseo, la alianza sexual, las relaciones de parentesco y las condiciones de humanidad. (…) Somos desposeídos por las normas, prohibiciones, la culpa auto-policíaca, la vergüenza, pero también por el deseo y el amor. (75)

En los movimientos de las minorías sexuales, como también en las luchas de los diferentes feminismos por la reivindicación de la soberanía sobre el cuerpo femenino, el punto de partida de la propiedad o posesión sobre la corporalidad puede funcionar como una primera instancia que incida en la lucha discursiva, proponiendo nuevas formas de conceptualizar y nombrar a la otredad, asumiendo e identificándose a través de una corporalidad que puede transformarse o mutar según el curso de los deseos. Sin embargo, el desafío siempre será estar alerta a que la nueva forma, la nueva palabra o el nuevo concepto no se cristalicen, esto es, no se vuelvan una ley incorporada dentro de los estrechos marcos de la legitimidad humana imperantes. Por ende, tanto en la muestra fotográfica y audiovisual del *Archivo de la memoria trans* como en las novelas de Bruzzone y Cabezón Cámara emergen e irrumpen cuerpos oscilantes e inquietos, que desbordan etiquetas y hacen estallar las categorías con su ir y venir, con su cadencia zigzagueante y su pulsión de puro movimiento. Los significantes de la subalternidad, de lo abyecto, de lo menor o de lo monstruoso caen de manera estrepitosa ante estas imágenes y estas siluetas que se abren desde el presente, para hablar del pasado, con la mirada y las utopías siempre en el futuro, a la espera, activa y decidida, de un mundo menos adverso y hostil.

Bibliografía

*Archivo de la memoria trans.*https://www.facebook.com/archivotransarg/

Barthes, Roland. *La cámara lúcida: Notas sobre fotografía*. Barcelona: Paidós, 1997.

Butler, Judith. "Sujetos de sexo/género/deseo". *El género en disputa: El feminismo y la subversión de la identidad*. Barcelona: Paidós, 2007. 45-100.

---. "Al lado de uno mismo: en los límites de la autonomía sexual". *Deshacer el género*. Barcelona: Paidós, 2006. 35-66.

Butler, Judith y AthenaAthanasiou. *Desposesión: Lo performativo en lo político*. Buenos Aires: Eterna Cadencia, 2017.

Bruzzone, Félix. *Los topos*. Buenos Aires: Random House, 2014.

Cabezón Cámara, Gabriela. *La virgen cabeza*. Buenos Aires: Eterna Cadencia, 2009.

De Lauretis, Teresa. "La tecnología del género". *Mora*, 1996, N° 2. 6-34.

Deleuze, Gilles y Félix Guattari. "¿Cómo hacerse un cuerpo sin órganos?". *Mil Mesetas: Capitalismo y esquizofrenia*. Valencia: Pre-Textos, 2002. 155-170.

Foucault, Michel. "El dispositivo de la sexualidad" y "Derecho de muerte y poder sobre la vida". *Historia de la sexualidad I: La voluntad de saber*. Buenos Aires: Siglo XXI, 2010. 75-152.

---. "El apriori histórico y el archivo". *La arqueología del saber*. Buenos Aires: Siglo XXI, 2002. 214-223.

Jelin, Elizabeth. "Memorias en conflicto". *Puentes*, 2000, N° 1. 6-13.

Negri, Antonio. "El monstruo político. Vida desnuda y potencia". *Ensayos sobre biopolítica: Excesos de vida*. Buenos Aires: Paidós, 2007. 93-139.

Pollak, Michael. "Memoria, olvido, silencio". *Memoria, olvido, silencio: La producción social de identidades frente a situaciones límite*. La Plata: Al Margen, 2006. 17-31.

Preciado, Paul B. *Testo Yonki*. Madrid: Espasa Calpe, 2008.

Rancière, Jacques. "Las paradojas del arte político".*El espectador emancipado*. Pontevedra: Ellago, 2010. 53-84.

Sontag, Susan. "En la caverna de Platón". *Sobre la fotografía*. México: Alfaguara, 2006. 13-34.

Iván Alexis Gordin
Universidad de Buenos Aires

Sobre (súper) héroes y refrigeradores: violencia sobre el cuerpo de la mujer como lenguaje y experiencia narrativa

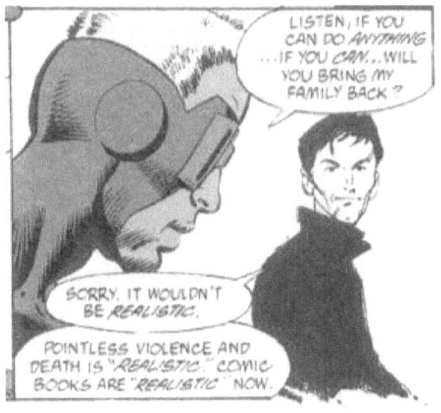

ANIMAL MAN. —*Escucha, si puedes hacer todo, si puedes hacerlo...*
¿Me devolverás a mi familia?
GRANT MORRISON. —*Lo siento, no sería realista.*
Violencia inútil y muerte es 'realista'.
Los cómics son 'realistas' ahora.
Morrison, Grant. *Animal Man Vol. 1.* #26.
Vértigo: Nueva York, Estados Unidos, 1990.

Introducción

En los paradigmas sustentados en binarismos, las palabras *ficción* y *realidad* son habitualmente empleadas con el fin de constituir la especificidad de cada categoría como radicalmente opuesta a la otra y al mismo tiempo otorgarles un carácter ontológico. Esta lógica presupone la compleja función de limitar el espectro entre lo que *es* y lo que *no es*, lo *existente* y lo *inexistente*, lo *real* y lo *irreal*. Sobre esta disyuntiva, pensadores como Frederic Jameson (1991) y Slavoj Zizek (1999) han puesto en crisis la idea de *ficción* y *realidad* por ser categorías mediadas por el lenguaje y, por tanto, construidas en base a una narrativa que distribuye lo sensible en jerarquías y dicotomías esencializadas (Rancière). Teniendo en cuenta esto, y a través del prisma de la teoría literaria, en el presente ensayo se intentará dilucidar cuáles son los mecanismos narrativos en los que opera de manera naturalizada la violencia de género. Para ello, se tomarán como eje los conceptos de "violencia expresiva" de Rita Segato y "Mujeres en refrigeradores" *(Women in Refrigerators)* de Gail Simone, a fin de realizar un análisis de diversos modelos de presentación del cuerpo femenino en el dispositivo *cómic*. En este sentido, el *corpus* elegido para este trabajo atraviesa obras correspondientes a diferentes períodos históricos y latitudes, desde los albores del cómic americano en la década del treinta (*Superman,* de Siegel, J. & Schuster, J.; *Wonder Woman,* de William Moulton Marston), pasando por el cómic europeo de segunda mitad de siglo (*El Clic,* de Milo Manara; *Druuna,* Paolo Eleuteri Serpieri) hasta llegar a la historieta argentina de los años ochenta y noventa (*Cybersix,* de Carlos Trillo y Carlos Meglia; *Las puertitas del Sr. López,* de Carlos Trillo y Horacio Altuna). El propósito es entender de qué manera recursos narrativos, reproducidos y estandarizados por la *industria cultural* presentan, desde la óptica de Stuart Hall un *modelo preferido de recepción* (Stuart Hall); un modelo patriarcal, machista, binarista y que asigna un rol específico a cada género.

1. Industria cultural

En *Dialéctica de la Ilustración,* Adorno y Horkheimer (2007) introducen la noción de *industria cultural,* expresada como una lógica de producción que supone un sistema completo y complejo de obje-tos denominados culturales, atravesados por mecanismos de distribución y consumo. Obras concebidas por una técnica de reproducción masiva, símil a la fábrica, sin distinción, ni unicidad. Dichos objetos son concebidos como mercancías, lo cual permite observar un modo de producción donde el arte es estandarizado con el fin de ajustarse a una lógica institucional y de mercado. El ocio, o aquello que está del espacio donde se dispone la fuerza de trabajo, es también integrado al mismo plano de la explotación; ya que este tiempo es dominado por la recepción de estos mismos objetos. Este procedimiento tiene la finalidad de crear novedades; fórmulas prefabricadas para ser repetidas una y otra vez. En resumen, lo que podría ser distinto es igualado, es la identidad de todo con todo, ya nada puede ser idéntico consigo mismo, los autores expresan esto como *principio de inmanencia*:

> La árida sabiduría para la cual no hay nada nuevo bajo el sol, porque todas las cartas del absurdo juego han sido ya jugadas, todos los pensamientos fueron ya pensados, porque los posibles descubrimientos pueden construirse de antemano y los hombres están ligados a la auto-conservación mediante la adaptación. (Adorno y Horkheimer 67)

Asimismo, si deseamos entender el sustrato ideológico de este procedimiento, es necesario mencionar los conceptos de "hegemonía" y "cultura" elaborados por Raymond Williams en *Marxismo y literatura*. La primera de estas dos categorías proviene de la definición de Antonio Gramsci en sus *Cuadernos de la cárcel*, quien describe a la hegemoníacomo la posibilidad que tiene una clase dominante de crear consenso para la dominación. Williams va a retomar esta idea para su teoría cultural, definiéndola de la siguiente forma:

> La hegemonía no es solamente el nivel superior articulado de la ideología ni tampoco sus formas de control consideradas habitualmente como manipulación o adoctrinamiento. La hege-monía constituye todo un cuerpo de prácticas y expectativas en relación con la totalidad de la vida, nuestros sentidos y dosis de energía. Las percep-ciones definidas que tenemos de nosotros mismos y de nuestro mundo. (148)

Es evidente que Williams piensa las relaciones de dominación no en un único sentido, no de manera exclusivamente vertical, sino recursiva y circular, como una retroalimentación entre la ideología hegemónica y los sujetos/agentes sobre los que esta opera. En cuanto a su manera de pensar la cultura, el autor observa los cambios del significado de esta palabra a través de la historia y da cuenta de una relación entre los términos civilización (*civilasation*, proveniente del francés) y cultura (*Kultur*, del alemán). El primero de estos, ligado a los comportamientos y a los modos de vida de los individuos, y el segundo vinculado a las realizaciones humanas (literatura, obras de arte, etcétera). Con respecto a esto último, es pertinente destacar que Walter Benjamin ya advertía sobre la posibilidad de un adoctrinamiento ideológico a través de productos culturales de masas. Benjamin, quien fue testigo del surgimiento y crecimiento de los nacionalismos de principios de siglo XX, planteó que las obras de la *industria cultural* tienen el potencial de ser implementadas tanto para una *politización del arte* (la posibilidad que observa Benjamin para una politización revolucionaria), así como para la *estetización de la política* (algo que el autor señala como mecanismo ideológico del fascismo). Las dos caras de una misma moneda que puede utilizarse para embellecer una figura política y generar consenso o aversión a una determinada ideología.

2. *Violencia expresiva*

Si bien estos conceptos funcionan como estructura fundante para nuestro análisis, la idea principal que aquí buscamos fijar es la de la categoría "violencia expresiva", idea clave de Rita Segato en su trabajo en torno a los femicidios en Ciudad Juárez, México. En dicho trabajo, la autora manifiesta que los victimarios comparten el mismo lenguaje de la sociedad que los contiene, un universo de significación anclado en el dominio, la soberanía y el control de otro. En palabras de la autora, "en un régimen de soberanía, algunos están destinados a la muerte para que en su cuerpo el poder soberano grabe su marca;

en este sentido, la muerte de estos elegidos para representar el drama de la dominación es una muerte expresiva, no una muerte utilitaria" (8). Segato infiere que las agresiones no suceden solo bajo un marco de complicidad institucional, sino que están sublimadas en la cultura como un medio dealeccionamiento y escarmiento hacia la mujer, una ejemplificación de su rol en un grupo social. En este sentido, un femicidio funciona, al igual que las palabras y las expresiones cotidianas, como un arma de consenso validada por agentes hegemónicos. Se constituye como un lenguaje que no se puede escribir ni fomentar abiertamente, ya que se instala desde la clandestinidad. La violencia opera como "la política de fomento cultural" de los entes paralelos, es el elemento fundacional del engranaje de lo que Segato llama la *segunda economía* (el financiamiento de la trata, el narcotráfico, etcétera). Es un lenguaje, un modo de comunicar a la sociedad la función que poseen sus cuerpos Ulteriormente, podríamos afirmar que la ideología dominante se encuentra en los significantes a los que recurrimos diariamente para aceptar o justificar nuestro lugar como sujetos oprimidos.

Asimismo, resulta pertinente destacar los aportes que Michel De Certeau realiza en *La invención de lo cotidiano*. En este trabajo, el autor presenta dos categorías: *tácticas* y *estrategias*. Las *tácticas* son el recurso del sujeto oprimido para resistirlas *estrategias* del agente opresor. Estrategias como una manipulación por parte de aquel/ aquello que ostenta la posición dominante, es una forma de obtener eso que le es "propio" a través de un reconocimiento del espacio donde ulteriormente se impone. La táctica es una operación a partir de un contexto de imposición establecido, donde el tiempo resulta un factor esencial para transformar una situación adversa para que resulte beneficiosa para el que carece de poder. En palabras de De Certeau: "Las estrategias ponen sus esperanzas en la resistencia que el establecimiento de un lugar ofrece al deterioro del tiempo; las tácticas ponen sus esperanzas en una hábil utilización del tiempo" (38).

3. *El dispositivo cómic*

Gail Simone, guionista de larga experiencia en la industria del cómic americano, introduce la idea de *Women in Refrigerators* (Mujeres en refrigeradores) para describir un recurso narrativo usual dentro de las historias de superhéroes, enmuchas de las cuales el cuerpo de una mujer es presentado en la trama únicamente para ser vejado, violado o torturado, con el fin de motorizar las motivaciones "caballerescas" o "heroicas" del protagonista masculino. El término nace a partir de una línea argumental correspondiente a *Linterna Verde (Green Lantern)* donde la novia del protagonista, Alexandra De Witt, es asesinada por el villano *Fuerza Mayor (MajorForce)* y hallada dentro de una heladera por el héroe. Simone, que ha trabajado años para la editorial responsable de esta historia (DC Comics), afirma que se trata de un lugar común que se ha estado reproduciendo por años dentro del medioy se ha naturalizado como cliché necesario a la trama narrativa. Para dar cuenta exhaustivamente de todos los casos, la autora ha creado una página web 2.0 de colaboración colectiva donde se consigna una lista de ejemplos, que se haya en constante crecimiento. En dicho espacio, Simone ha puesto en discusión y elaborado su hipótesis, estableciendo, así, un paradigma utilizado usualmente para denunciar el machismo implícito de este tipo de historias y desnaturalizarlo.

En palabras de la autora:

> No puedo dejar de sentir que los personajes masculinos tienden a morir de forma diferente a las mujeres. Los personajes masculinos parecen morir noblemente, como héroes, con mayor frecuencia, mientras que no es poco común [...] que un personaje masculino llegue a su casa y la encuentre [a su esposa] masacrada en la cocina. Hay excepciones para ambos sexos, por supuesto, pero el valor de shock parece ser un gran motivador en

las muertes de las superchicas la mayoría de las veces.

Me hizo pensar, honestamente, por qué estaba bien, o incluso fomentado, matar mujeres, más que a hombres, estadísticamente.[17]

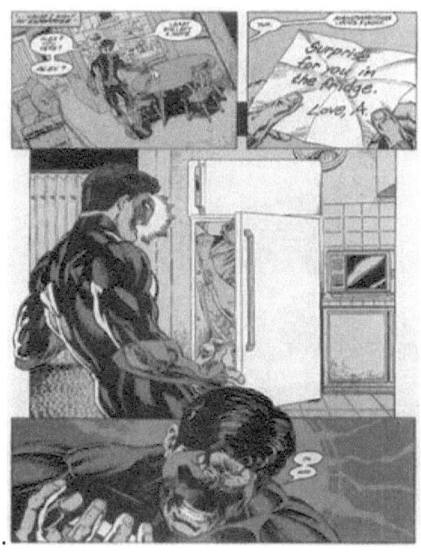

Banks, Darryl &Marz, Ron. *Green Lantern #51*.
Nueva York: DC Comics, 1994.

Asimismo, Simone denuncia que en los cómics americanos (con temáticas de superhéroes) la violencia se describe gráficamente y de manera detallada. La descripción sórdida y retorcida se usa deliberadamente como un golpe de impacto para atraer al receptor y, a su vez, justificar una hipérbole de emociones en el personaje masculino. Por ejemplo, en la novela gráfica *Batman: La broma asesina* (Bolland& Moore, 1988), el personaje de Barbara Gordon (*Batichica*) es

---

[17] Texto original: *I can't quite shake the feeling that male characters tend to die differently than female ones. The male characters seem to die nobly, as heroes, most often, whereas it's not uncommon [...] for a male character to just come home and find her butchered in the kitchen. There are exceptions for both sexes, of course, but shock value seems to be a major motivator in the superchick deaths more often than not. It got me to wondering, honestly, why it was OK, or even encouraged somewhat, to kill women, more than men, statistically.* (Simone párr. 4)

violada y torturada por el *Guasón (Joker)* y sus secuaces con el único objetivo de quebrar el código moral de Batman y del padre de la víctima, el Comisionado James Gordon. El foco no está puesto en el sufrimiento que recibe Barbara, sino en la tortura psicológica que recibe su padre. El cuerpo de la mujer se entrega como un sacrificio. Un cuerpo que se entrega a la violencia en favor de una solución narrativa, para poder probar un punto o explorar una idea específica. En el caso de este relato, el cuerpo de Barbara se entrega para justificar el *leitmotiv* del villano, el *Joker*, quien sufre la pérdida de su esposa y por eso justifica sus crímenes.

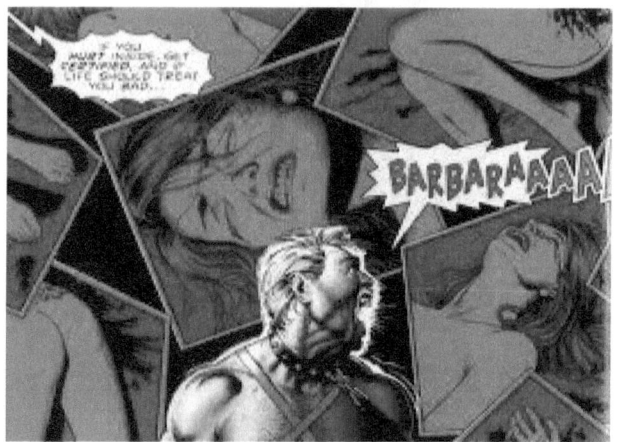

Bolland, Brian &. Moore, Alan. *The Killing Joke*.
Nueva York: DC Cómics, 1988.

Gail Simone forma parte, a su vez, de un colectivo de autoras que, en los años recientes, también ha aportado críticas y reflexiones sobre los modelos narrativos que giran alrededor del cuerpo de la mujer en el cómic. De este grupo, se destacan Alison Bedchel, guionista y dibujante de cómic independiente, y Kelly DeConnick, guionista de vasta experiencia en las principales editoriales norteamericanas (DC Comics y Marvel Comics). En forma similar a Simone, ambas resaltan lugares comunes y modelos instalados en los relatos clásicos del dispositivo a través de una herramienta tan esquemática que puede entenderse como una sátira de la recurrencia de clichés y lugares comunes en este tipo de relatos: el *test* Bedchel introduce el suyo a modo de diálogo en una de sus obras. Allí podemos observar a dos mujeres que observan los carteles promocionales de un cine; muy disconformes con lo que acaban de ver; una de ellas describe que solo va al cine si cumple tres reglas: 1) debe haber por lo menos dos personajes femeninos (y deben tener nombre); 2) dichos personajes deben hablarse entre sí en algún momento; 3) la conversación no tiene que ser sobre un hombre (no limitado a situaciones románticas). Esta lista de comprobación que a primera vista puede resultar simple, ha cobrado una notable popularidad debido a la cantidad de obras que a duras penas pueden cumplir siquiera una sola de estas reglas[18].

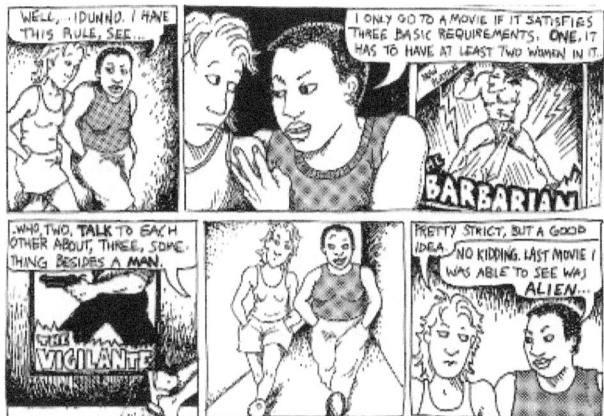

Bedchel, Alison. *Dykes to watch out for: The Rule* (http://dykestowatchoutfor.com/wp-content/uploads/2014/05/The-Rule-cleaned-up.jpg). Última visita 21 de mayo de 2018.

Kelly DeCornnick redobla la apuesta con un *test* aún más visceral. La guionista invita a realizar un ejercicio muy simple: remplazar el cuerpo de una mujer por una "lámpara sexy" (*Sexy Lamp*, una lámpara con piernas de mujer y tacones altos) y observar si la historia

---

[18] Estas reglas no se cumplen incluso en obras laureadas por la crítica y supuestamente más rupturistas por la crítica como *El regreso del caballero oscuro* (Frank Miller, 1987) o *Animal Man*, que es parte de la introducción de este trabajo.

funciona igual. Si ese es el caso, en palabras de DeConnick, el escritor "es un fraude"[19].

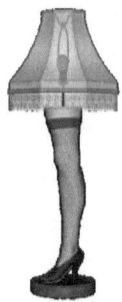

Sexy Lamp. Imagen recuperada de pixabay.com

Por otro lado, para poder entablar un debate en torno al cómic americano, encontramos válido incluir el aporte de Umberto Eco, a partir de su análisis sobre el "mito de Superman" en *Apocalípticos e integrados*. El autor muestra al lector habitualdel superhéroe *kryptoniano* que este es un individuo que desea aquello que ha sido proyectado por otros. Eco sostiene que el uso de la imaginería del cómic funciona de manera análoga al simbolismo moralizante de las instituciones religiosas y que, en el caso de *Superman*, el acólito es el *hombre heterodirigido* (perteneciente a la sociedad industrializada, consumista del incipiente siglo XX) cuyos conflictos y problemas se ven obnubilados por la esperanza utópica de elevar su clase social. Asimismo, el autor destaca el marco atemporal del dispositivo cómic y lo llama *principio de no consumición;* es decir la continua narración cíclica sin consecuencias ni linealidad, como una de las principales herramientas para que el espectador pueda olvidarse de su contexto. En sus palabras: "Al perder consciencia de ello (temporalidad), se olvida de los problemas sobre losque estos se basan: de la existencia de una libertad, de la

---

[19] Texto original: *I have one called the Sexy Lamp Test, which is, if you can remove a female character from your plot and replace her with a sexy lamp and your story still works, you're a hack.*
http://www.ign.com/articles/2013/06/20/kelly-sue-deconnick-talks-captain-marvel-pretty-deadly-and-the-sexy-lamp-test

posibilidad de forjar proyectos, del deber de hacerlos, del dolor que este proyectar comporta, de la responsabilidad que se sigue y por último de la existencia de toda una comunidad humana cuyo carácter progresivo se basa en el hecho de hacer proyectos" (Eco 226). En este sentido, se podría enlazar este pensamiento con la idea del *pastiche* posmoderno de Frederic Jameson (1991) y considerar al cómic como otro vehículo de la "ideología del estilo" y a su vez, como una paradoja donde se erige el superhombre, el héroe individual en un contexto donde esa figura se ha difuminado, principalmente en la segunda mitad del siglo pasado.

El superhombre del cómic es, a su vez, idealización y aspiración de un cuerpo determinado. Un cuerpo fuerte, rápido e incansable, capaz de resistir las exigencias diarias de las usinas industriales. En otras palabras, se dispone como la proyección de un cuerpo imposible pero obligatorio para el funcionamiento de esta narrativa.

4. *Fantasía y narratividad*

Con respecto a Jameson (1989), es pertinente resaltar su idea de *narratividad como acto socialmente simbólico*, sobre todo, en el contexto de la producción de la industria cultural. El autor estadounidense plantea que, antes de que el sujeto se disponga a crear, leer o contemplar una obra de arte, existe ya una interpretación previa, culturalmente instalada que preestablece las condiciones de producción y recepción. Todo texto llega siempre como ya leído, es decir cargado de sentidos previos. Un ejemplo de ello son los géneros literarios, donde se puede hallar un contrato tácito (pacto de lectura) entre autor y lector que, gracias a la industrialización, se convierte en una mera "marca de fábrica". En este sentido, en los géneros de la cultura de masas la idea es que funcione como un marco de referencias que contiene ciertas indicaciones de cómo debe ser leído, mientras que lo propio de la literatura es transgredir constantemente el dispositivo género desbaratando las expectativas del lector.

Jameson destaca que la tradición representacional que impera es, principalmente en el siglo XX, la del realismo. En otras palabras, el lector esta preconfigurado para entender que un relato es una mera extrapolación o copia de su realidad, y por ello un mero reflejo de las relaciones de poder en las que se encuentra inmerso. No obstante, esa "realidad" es el resultado de constructo ideológico, un conglomerado de diferentes relatos que condicionan los límites de lo imaginable y posible. En el caso del cómic de superhéroes, nos en-contramos con un dispositivo narrativo preconfigurado y estandarizado donde el receptor espera el cumplimiento de una serie de pautas y pasos específicos en el relato. Una fórmula determinada con arquetipos y conflictos homogéneos que debe confirmar sus expectativas, reproducir un modelo previo adquirido en la experiencia lectora de lo siempre igual. Según F. Jameson, esto es parte de la *causalidad expresiva* que explica Louis Althusser: "'una vasta alegoría interpretativa en la que una secuencia de acontecimientos o textos y artefactos históricos se reescribe en los términos de un relato profundo, subyacente y más «fundamental», de un relato maestro oculto que es la clave alegórica o el contenido figural de la primera secuencia de materiales empíricos'" (24). En definitiva, la Historia no es otra cosa que una narración preconstituida y conformada por todo tipo de relatos, una narración con forma ficcional. Como adelantamos en la introducción, si tomamos las ideas de Jameson, podemos entender que la línea que escinde *ficción* y *realidad* se difumina cuando entra en juego el lenguaje; y más aún, si consideramos a los sujetos como cuerpos hablantes. En este sentido, podemos referirnos a los aportes de Slavoj Zizek con respecto a la relación entre *fantasía* y *realidad*. Este autor propone que la realidad en la que habita un sujeto es regulada por un conjunto de ficciones simbólicas. Zizek implementa una perspectiva "lacaniana" en la que considera que el vínculo del sujeto con el objeto está mediado por un elemento fantasmático; es decir, nuestra interacción con el *otro* está mediada por una virtualidad y esa interacción es, al fin y al cabo, una intención de deseo. Si nos centramos en la construcción del cuerpo de la mujer en dichas fantasías:

> La fantasía guarda con la realidad una curiosa
> relación de lejanía y proximidad. En definitiva, la

fantasía crea un escenario en el que se opaca el horror real de la situación" (...). En nuestro tiem-po, los medios de comunicación masiva no hacen más que apoyar fantasmáticamente ese acoso de fantasías que nos libera y nos aherroja. El cine, por ejemplo, nos da esa imagen fantasmática de la mujer "cuya fascinante presencia oculta la posibilidad inherente a la relación sexual". *(262)*

Desde esta óptica, la presencia de la mujer conlleva una realidad mediada por fantasías e ideas preconcebidas. Es preciso destacar el pasaje referido a la mujer, ya que es una idea central del trabajo y en la que profundizaremos más adelante.

5. *La mujer del pulp*

Si nuestro objetivo es hacer una crítica de los códigos narrativos del cómic occidental de superhéroes desde la perspectiva de la presentacióndel cuerpo de la mujer, primero es necesario hacer un breve resumen de su genealogía y cómo fue percibido dentro de su contexto histórico. En primer lugar, es importante decir que elantecedente inmediato de este tipo de publicaciones eran las *pulp magazines* y su variante: las *spicypulps*. Estas revistas eran consideradas en un entretenimiento barato y usualmente contaban historias subi-das de tono para la época; generalmente se trataba de policiales negros con contenido erótico. En ellos, el lector podía observar ilus-traciones de mujeres desnudas o con poca ropa. Era un producto marginal y mal visto desde la perspectiva de la moralidad estadounidense de principio de siglo. Los responsables de editar las aventuras del primer superhéroe, Harry Donenfeld y Jack Liebowitz, originalmente se dedicaban a imprimir y distribuir este tipo de producto, de allí el nombre de la editorial *Detective Comics* (DC). Las revistas *pulp* tenían una tirada masiva y contaban con una importante popularidad para mediados de los años treinta; no obstante, podrían considerarse un producto similar al género de la pornografía para los estándares de la época. Es esencial subrayar esto ya que nos muestra que el paso previo al surgimiento del cómic moderno posee una mirada que pone al cuerpo de la mujer como fantasía sexual a disposición del lector que asume el rol de un voyeurista. La mujer del *pulp* es un cuerpo atractivo y embustero como una sirena, capaz de engañar al héroe en su búsqueda de la verdad. Tiene un tratamiento punitivo, merece la violencia y revela su naturaleza oculta gracias a ese castigo.

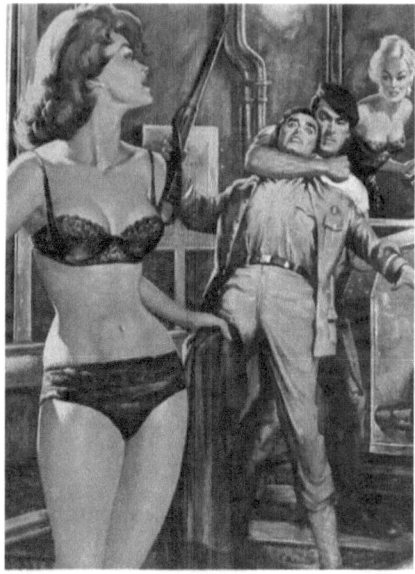

Arte de portada de una revista *pulp*. Recuperada de
https://ar.pinterest.com/pin/320388960985373738/

6. *El camino del héroe*

Los arquetipos que tratamos (y trataremos) aquí, en su mayor parte se fundan en un patrón que gira alrededor de la figura del *héroe*. En este sentido, resulta imprescindible analizar el modelonarrativo de *El héroe de las mil caras* de Joseph Campbell. Según este autor, es posible observar un ciclo narrativo de carácter mítico en diversas culturas que se mantiene con ligeras variantes a través del tiempo. Este patrón cuenta con doce estadios: 1) el mundo ordinario donde vive el protagonista antes de que el viaje empiece; 2) la llamada de la aventura; 3) el rechazo del héroe a esta llamada; 4) encuentro con el mentor o ayuda sobrenatural; 5) cruce del primer umbral; 6) pruebas, aliados y enemigos; 7) éxito durante las pruebas o "acercamiento"; 8) prueba difícil o traumática; 9) recompensa cuando se enfrenta a la muerte; 10) camino de vuelta; 11) resurrección y 12) regreso con elixir. Este sendero, que podría observarse en el viaje de Ulises en *La Odisea* de Homero, es una constante en las producciones literarias y cinematográficas de las últimas tres décadas y podría afirmarse que es la estructura en la cual se fundan casi todos los superhéroes del cómic americano. Es pertinente preguntar hasta qué punto este ciclo es parte del sustrato ideológico de occidente y si, por extensión, plantea un modelo narrativo compatible con la idea de sujeto moderno: heteronormativo, basado en el principio de identidad, y en una sociedad patriarcal en la que la diferencia es otredad y la otredad es mal.

En principio, el modelo que identifica Campbell vincula al cuerpo masculino como un sujeto activo, física y mentalmente virtuoso. Su valentía se mide en tanto pueda poner su fuerza e inteligencia a disposición de su voluntad, sin importar el desafío que tenga adelante. El cuerpo femenino, por el contrato, ni siquiera es un sujeto pasivo, sino que es un elemento más de la aventura; es el anhelo por el cual luchar, el objeto que el héroe debe conquistar y auxiliar cuando sea oportuno. En otras palabras: es la catálisis de la trama (estadio 2). El cuerpo femenino es activo únicamente cuando esta se dispone a engañar o seducir al héroe a modo de obstáculo. Este es un arquetipo que se puede hallar, por ejemplo, en el canto de las sirenas de *La Odisea* (estadios 6 y 8) pero no forma parte del espectro de personajes centrales en el arco argumental, es un percance más en el viaje del protagonista.

El cuerpo del interés romántico/objeto de deseo del protagonista está sujeto indefectiblemente a una posición de vulnerabilidad. Aquí es posible observar una de las ideas centrales de Simone que desarrollamos en el punto 3 de este trabajo: la idea de sacrificio como rito de paso. En este caso, podríamos considerar que el personaje femenino es un nudo de conflicto para la confrontación culminante entre protagonista y antagonista del relato, un punto central en el paradigma que explora Campbell. En este tipo de relatos, es usual observar cómo el destino de protagonista se define según la muerte de su madre o un interés romántico. Es decir, el clímax narrativo se da a costa de la reificación o uso violento (asesinatos, violaciones, desmembramientos) de un cuerpo femenino. Si el sacrificio no se lleva a cabo, la variante inmediata es que el cuerpo sirva como recompensa final de la victoria heroica del protagonista (estadio 12). Como mencionamos al inicio del apartado, el modelo de Campbell es de una influencia vital para el relato del cómic moderno de superhéroes y conforma parte del ciclo industrial de la publicación semanal. Es la estructura que funda el código del género y a su piedra angular: *Superman*.

7. *Superman, Lois Lane y el mito aspiracional*

El "mito de Superman" no solo puede entenderse como una fábula aspiracional en los términos que plantea Eco, sino también como la idealización del arquetipo masculino de principios de siglo XX. Un arquetipo que funciona en un juego de doble identificación: el héroe y su alter ego, Clark Kent, representan las dos caras del receptor. Kent es el lector como agente alienado: posee un rol meramente contemplativo ante los acontecimientos; no tiene poder (en ningún sentido) y carece de la posibilidad de expresarse ante su interés romántico, Lois Lane. Superman, en cambio, es la fantasía definitiva del lector, un ser hiper masculinizado que es el actor principal de los hechos y, por ende, dentro de esta lógica, obtiene la atención de su interés romántico. La figura de este superhombre conlleva inexorablemente una configuración determinada que no ha cambiado desde la primera aparición del personaje en 1939. El cuerpo masculino aquí se manifiesta como sinónimo de fortaleza física; como una musculación saturada, atlética, capaz de reparar los accidentes que presenta la construcción de la urbe industrial. Debemos señalar que el período histórico en el que Joe Schuster y Jerry Siegel conciben al personaje está marcado por la incipiente recuperación económica de la crisis financiera de 1929 (Gran Depresión) y por la creación simbólica del enemigo nacional, la Alemania Nazi. Este marco alimenta el carácter escapista de las aventuras de Superman, que tienen como destinatario a un lector específico: adolescentes-heterosexuales-blancos (lo que podríamos asociar con lo que se conoce como WASP: *White, Anglo-Saxon and Protestant*). Es importante entender que este tipo de ficción no ha sido concebida para las lectoras femeninas (ni para otro cualquier estamento que no sea blanco, ni norteamericano, ni heterosexual) en mente; incluso la lectura de cómics era considerada como una práctica pueril y poco agraciada para las jóvenes mujeres de ese país.

El personaje de Lois Lane ocupa varios de los roles que describimos en el apartado sobre el modelo de Campbell. Lois es explícita y literalmente un sujeto pasivo, ya que su labor como periodista no solo es comentar las proezas del héroe sino arrojarse como la víctima que debe ser salvada por el protagonista. Lane ignora a Kent, la contracara pusilánime de Superman, y piensa que es un cobarde por escapar de las escenas en pleno conflicto. Podríamos teorizar que el personaje de Lois atraviesa una transformación inversa a la de Kent, creando una dinámica opuesta: de un puesto jerárquico y dominante a un sujeto pasivo vulnerable. Entonces, aquí, al igual que el *pulp*, es posible ver como "la verdadera naturaleza" del cuerpo femenino se revela ante la acción de su contraparte masculino. La diferencia que denota el discurso interno de la narrativa aquí es que, mientras Kent sabe cuál es su rol en la sociedad, Lane que es la reporta estrella del DailyPlanet y asume un papel acorde, descubre en situaciones de peligro cuál es su real posición en el esquema de la his-toria. Podemos conjeturar, nuevamente, que esta transformación funciona a modo de un castigo que le recuerda al cuerpo femenino su lugar de objeto vulnerable y, simultáneamente, reasegura la posi-ción heteronormativa de la fantasía aspiracional del lector.

8. *La Mujer Maravilla y la paradoja del sometimiento*

Ahora bien, con la irrupción de Estados Unidos en la Segúnda Guerra Mundial, el cuerpo de la mujer en este país se reubicó en la industria armamentística como principal fuerza de trabajo. En este contexto, surge la primera superheroína femenina de éxito comercial en el cómic americano: *Wonder Woman/ Diana Prince*. William Moulton Marston, creador del personaje, presenta un nuevo tipo de sacrificio: una protagonista que está dispuesta a sacrificar su comodidad como deidad amazónica (en un mundo de mujeres) para combatir a los enemigos de los valores norteamericanos (un mundo de hombres). En este caso, la dualidad de Diana (nombre que comparte con Artemisa, deidad griega de la caza, el nacimiento y la virginidad) es diametralmente opuesta a la de Lois Lane y comparte la misma di-námica que Kent ya que conoce su rol y su naturaleza como ser empoderado. En palabras más simples, es una deidad disfrazada de "mujer común".

En la obra de Moulton Marston puede observarse una gran aliteración de paneles donde la protagonista se encuentra atada o prisionera por el villano de turno. El autor tenía la intención de crear un símbolo de poder femenino, pero el procedimiento por el cual lleva acabo esta operación es paradojal. El esquema narrativo de Wonder Woman demuestra un mecanismo en el cual la liberación del cuerpo femenino se plasma siempre desde un sometimiento previo, tal como se observa en las imágenes que siguen.

La visión de Moulton Marston no duraría muchos años más: el fin de la guerra, el retorno de la mujer al hogar con el *American WayofLife*y la censura impuesta a través del *Comic CodeAuthorithy* (1954) despojan a Diana Prince de su protagonismo y la convierten en una vocera para las amas de casa en todo su país.

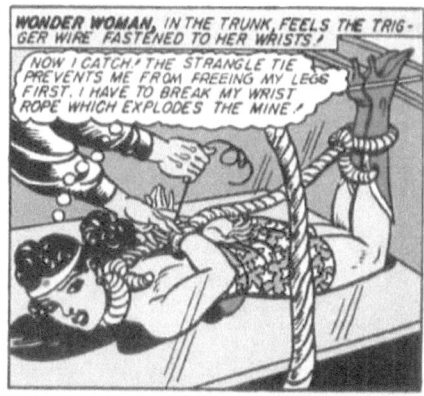

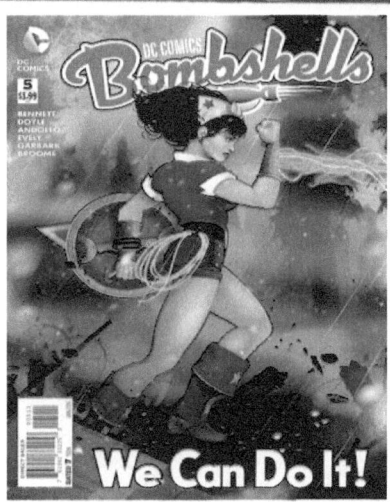

Imagen 1. Moulton Moore, William. *Wonder Woman #4*. Nueva York: DC Comics, 1938.
Imagen 2. Bennet, Marguerite y Ann Lucia. *DC Comics Bombshells. Combat. Part 2*. Nueva York: DC Comics, 2015.

Durante finales de los cuarenta y hasta buena parte de los setenta, la superheroína más famosa del cómic americano se limita a brindar consejos para acompañar agraciadamente a la figura masculina del hogar. Lo que sigue después de esto es una profunda crisis de ventas en la industria y un descenso del interés en las historias de superhéroes.

9. *La guerrera hipersexualizada*

El arquetipo de Diana como heroína empoderada se mutaría hacia finales de los setenta en un cuerpo femenino hipersexualizado. La superheroína femenina pasaría a cumplir exclusivamente la función de ser un objeto sexual; su vestimenta (rango distintivo que define a los personajes de este género), específicamente diseñada para erotizar su cuerpo, no contempla el resguardo ante una posible batalla y presenta posturas corporales sin lógica alguna de acuerdo con su función en la historia de la que es protagonista. Asimismo, los personajes femeninos se empiezan a definir pura y exclusivamente por su poder de seducción. Algunos casos concretos: *Catwoman* (*Gatúbela*), sus interacciones suelen utilizarse para reafirmar que Bruce Wayne tiene un interés sexual por un cuerpo femenino; *PowerGirl*, variante femenina de *Superman* con el único objetivo de resaltar sus senos; *Hiedra Venenosa/PoisonIvy*, villana de Batman con el poder de seducir a cualquier persona para que se cumpla su voluntad; y *Emma Frost*, mutante con poderes psíquicos que suele atrapar a los hombres dentro de su mente en una fantasía romántica.

Con respecto a las armaduras o uniformes que utilizan los personajes femeninos, el contraste con los personajes masculinos es sumamente notorio. Cabe subrayar que el "traje" en este género no es un elemento menor, es lo que define al personaje; en algunos casos es directamente su rasgo característico. *Spiderman*, *Spawn* y *Batman* son ejemplo de ello; sus armaduras o vestimentano solo les otorgan habilidades especiales sino, también, un gran peso simbólico dentro y fuera del universo ficcional de estos relatos.

Se produce, así, una contraposición llamativa: mientras el arquetipo masculino ostenta a través de su traje los más altos valores de la sociedad y la imagen identitaria que lo define como superhéroe, el arquetipo femenino acentúa en su ropa solo su condición de objeto sexual. Por un lado, los cuerpos masculinos se dibujan excesivamente robustos y musculares, con algún tipo de funcionalidad para una futura batalla con el antagonista; por otro lado, los cuerpos feme-ninos prescinden de pragmatismo alguno para una confrontación, solo se presentan para subrayar senos.

Un caso paradigmático de esto es el que refiere a la tapa de *Spider-Woman* ilustrada por el artista de cómic erótico Milo Manara en 2014. La editorial Marvel le encargó a este ilustrador italiano varias portadas alternativas de sus personajes femeninos más famosos, entre ellos *Spider-Woman* (el "equivalente" femenino de Spiderman). Manara entregó un trabajo que mostraba a la heroína en "cuatro patas" e hipersexualizada. La portada fue duramente criticada y, finalmente, Marvel decidió publicarla con una censura en la parte del cuerpo más controvertida[20].

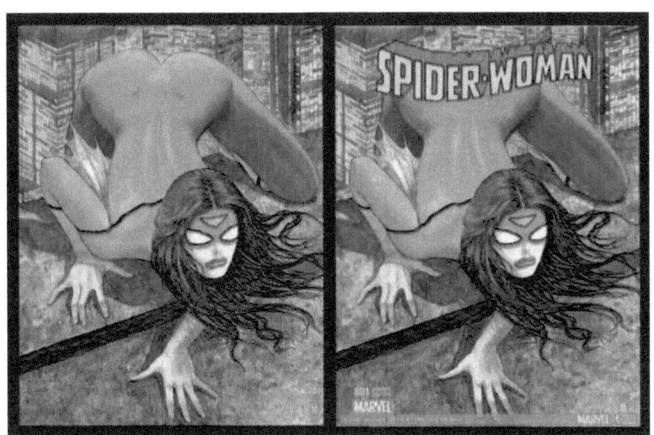

Manara, Milo. *Spider-Woman #1* (variant cover).
Nueva York: Marvel Comics, 2014.

Los cuerpos de Manara son un rasgo estilístico del cómic europeo. Es frecuente encontrar este arquetipo en importantes publicaciones de ciencia ficción para adultos como *Metal Hurlant* y han tenido un importante impacto tanto en Sudamérica, así como en el

---

[20] http://time.com/3594514/marvel-spider-woman-cover/
http://www.heavymetal.com/news/13-parodies-of-milo-manara-frank-cho-and-the-infamous-spider-woman-pose/

cómic de superhéroe estadounidense hacia mediados de los noventa, década en la que surge la crítica de Simone.

Un punto que debemos destacar de este molde es el lugar otorgado a la maternidad. Una mujer embarazada en un cómic de superhéroes implica que ese personaje puede ser asesinado para subrayar el dramatismo de la escena, o es el retiro definitivo de la heroína de una serie regular. Esto, claro, si se da el raro caso del embarazo de una protagonista femenina. En estas narrativas, un cuerpo femenino embarazado es signo de vulnerabilidad y no puede ser tomado como objeto sexual.

10. *El cuerpo de la mujer en la historieta argentina*

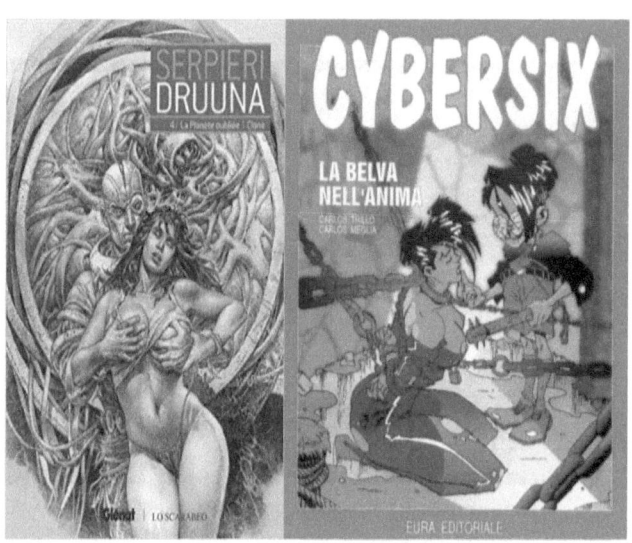

Imagen 1. EleuteriSerpieri, Paolo. *DruunaMorbusGravis Vol. 4.* Turín, Italia: Lo Scarabeo, 2017 (impreso).
Imagen 2. Trillo, Carlos y Meglia, Carlos. *Cybersix.* Buenos Aires: Meridiana Comics, 1994 (impreso).

La historieta argentina, si bien se funda originalmente con *westerns* y relatos bélicos, tiene su ascendencia en el cómic europeo de segunda mitad del siglo XX. Históricamente, el género del super-héroe no ha predominado en Argentina. No obstante, el tratamiento del cuerpo femenino es, por lo menos, igual o más problemático que en ese tipo de historias.

El período inmediatamente posterior a la última dictadura militar argentina (1976 - 1983) se destaca por la explotación de la sexualidad previamente reprimida por dura censura del gobierno de facto. La influencia del arte erótico europeo de Paolo EleuteriSerpieri y el ya mencionado Milo Manara se puede observar fuertemente en las publicaciones posteriores a 1983 (período conocido como "el destape"), especialmente en *Las puertitas del Sr. López* (Carlos Trillo y Horacio Altuna) y *Cybersix* (Carlos Trillo y Carlos Meglia). Este fenómeno puede explicarse, en parte, por la estadía de autores como Hugo Pratt en Argentina y, fundamentalmente, debido a la persecu-ción política y censura que obligó a muchos de los autores y dibujantes a exiliarse en Europa, donde se pusieron en contacto con estos modelos.

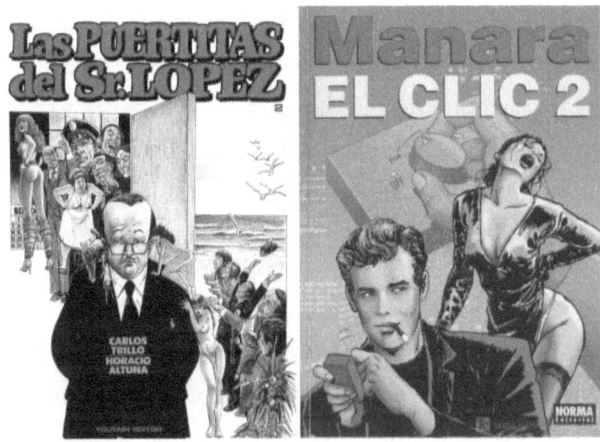

Imagen 1. Altuna, Horacio y Trillo, Carlos.
Las puertitas del Sr. López. Buenos Aires: Galerna, 2015.
Imagen 2. Manara, Milo. *El Clic 2*.
Barcelona: Norma Editorial, 2015 (impreso).

Si observamos *Las puertitas del Sr. López* podemos hallar un caso particular del modelo aspiracional que se observa en la fantasía escapista de Superman. El Sr. López lleva una vida mundana y miserable. Es un ser sin carisma, introvertido y pusilánime. En su trabajo es explotado y sojuzgado, y en su hogar es menospreciado por su esposa. No obstante, cuando atraviesa el umbral del baño de su oficina, ingresa en mundos fantásticos y maravillosos, donde es el protagonista de aventuras y el objeto de deseo de mujeres hermosas. El arquetipo de mujer que prima aquí es la cristalización de un deseo masculino reprimido, una "mujer-recompensa" cercana al cuerpo de las mujeres del "destape" que se popularizaría mediáticamente durante la década de los ochenta en Argentina.

De alguna manera, López y Kent son el mismo personaje; no obstante, mientras que para Kent la fantasía se revela como verdad en forma de Superman, para el argentino la fantasía nunca se revela como realidad, sino que tiene su propio espacio escindido, prohibido y autocontenido. López nunca deja de ser López, lo único que cambia es su contexto, el marco social le brinda privilegios a pesar de no responder al rol que demanda "la realidad". Es, al fin y al cabo, su dimensión psicológica; es decir, sus representaciones son puro deseo. Los personajes que poseen cuerpos femeninos en la publicación de Trillo y Altuna se presentan como quimeras que traen dolores de cabeza al hombre pero que no pueden evitar sentirse atraídas por ellos. Una evidencia que la genealogía del *pulp* sigue firme en el dispositivo siete décadas después.

Conclusiones

El fenómeno de *Women in Refrigerators* está intrínsecamente vinculado a una lógica de mercado de un producto cultural de masas. El cómic es uno de los ejemplos cabales de la crisis del concepto de autor en una obra de arte. Las creaciones dentro de este dispositivo, especialmente las que se fabrican bajo el ala de una multinacional, se rigen conforme a las exigencias económicas de la industria. Un personaje es literalmente mercancía: una marca o propiedad destinada a su comercialización en cualquier formato posible, ya sea narrativo o estrictamente material, videojuegos, ropas, juguetes, disfraces, películas, dibujos animados. Es una maquinaria con un receptor determinado (varones heterosexuales) que necesita seguir produciendo ininterrumpidamente para que su negocio sea redituable

En este sentido, el cuerpo mutilado de una mujer dentro de una de heladera es un recurso, un atajo del guionista de turno para que esa marca no se deje de vender. El *tropo* no es nada más que el golpe de impacto, la sed de venganza, el conflicto emocional del héroe, sino que es principalmente la liberación del lastre que enca-dena el estancamiento del viaje. La mujer en este contexto no es otra cosa que el lastre que impide la infinita reproducción de la mercancía. Es, al igual que en el texto de Segato (2006) sobre Ciudad Juárez, una práctica instalada y validada con el fin de movilizar esa economía que responde a los mismos agentes hegemónicos.

Al fin y al cabo, es el dominio sobre el cuerpo y la voluntad del cuerpo femenino el sustrato que permite la reproducción de un modo de producción característica del patriarcado. De esta manera, podríamos decir que el arte no repite, ni refleja lo que se concibe como lo real, ni viceversa, sino que es una relación de poder que se retroalimenta y necesita de ambas narrativas para que pueda legitimarse la ideología dominante. Si releemos lo dispuesto en este trabajo, estos arquetipos inmutables no solo median nuestra percepción cotidiana, sino que tienen un lugar pragmático en el tejido social. Simbólicamente, un femicidio[21], en un plano virtual y en un plano real, cumple la misma función, la del aleccionamiento coercitivo, se constituye como la necesidad de un entramado social hegemónico. Es un idioma que está presente en campos y fenómenos diversos; en cuerpos que se acumulan semana a semana en una realidad que, igual que el cómic, poseen un principio de no consumición.

Bibliografía

---

[21] https://www.cronica.com.ar/policiales/Quien-es-la-mujer-que-aparecio-muerta-en-la-heladera-20171116-0035.html

Adorno, Theodor & Horkheimer, Max. *Dialéctica de la Ilustración*. Buenos Aires: Akal, 2007 (impreso).

Altuna, Horacio y Trillo, Carlos. *Las puertitas del Sr. López*. Buenos Aires: Galerna, 2015.

Banks, Darryl&Marz, Ron. *Green Lantern #51*. Nueva York: DC Comics, 1994 (impreso).

Bedchel, Alison. *Dykes to watch out for: The Rule* (http://dykestowatchoutfor.com/wp-content/uploads/2014/05/The-Rule-cleaned-up.jpg). Última visita 21 de mayo de 2018.

Benjamin, Walter. *La obra de arte en la época de su reproductibilidad técnica*. México DF, México: Itaca, 2007.

Bolland, Brian & Moore, Alan. *TheKillingJoke*. Nueva York: DC Comics, 1988 (impreso).

Campbell, Joseph. *El héroe de las mil caras. Psicoanálisis del mito*. México DF, México:FCE(http://fido.palermo.edu/servicios_dyc/blog/docentes/trabajos/25143_91318.pdf). Última visita 21 de mayo de 2018.

De Certeau, Michel. *La invención de lo cotidiano*. México: Universidad Iberoamericana, 1999

DeConnick, Kelly. "Kelly Sue DeConnick Talks Captain Marvel, Pretty Deadly and the Sexy Test": IGN [Los Angeles, EEUU] 20 de junio 2013. Recuperado de: https://www.ign.com/articles/2013/06/20/kelly-sue-deconnick-talks-captain-marvel-pretty-deadly-and-the-sexy-lamp-test (última visita 4 de diciembre de 2018)

Eco, Umberto. *Apocalípticos e integrados*. Buenos Aires: De Bolsillo, 2012.

EleuteriSerpieri, Paolo. *DruunaMorbiusGravius*. Turín, Italia: Lo Scarabeo, 2017 (impreso).

Ferguson, Sally. *Women and Watchmen: Opening Alan Moore's Refrigerator*. Honors Theses. Ouchita Baptist University: Ouchita: USA, 2014 (http://scholarlycommons.obu.edu/cgi/viewcontent.cgi?article=1230&context=honors_theses). Última visita 21 de mayo de 2018.

Gramsci, Antonio. *Pasado y presente: Cuadernos de la cárcel*. Barcelona,

España: Gedisa, 2018.

Hall, Stuart. Codificar/decodificar. En: Culture, Media, Language. Working Papers in Cultural Studies, 1972-79. Londres, ReinoUnido: Routledge & The CCCS University of Birmingham, 1996.

Manara, Milo. *Spider-Woman # 1 (Variant Cover)*. Nueva York, Estados Unidos: Marvel Comics, 2014.

---. *El Clic. Edición Integral*. Barcelona: Norma Editorial, 2015 (impreso).

Moulton Marston, William. *Wonder Woman: The Golden Age Omnibus*. Nueva York: DC Comics, 2017 (impreso).

Morrison, Grant. Animal Man Vol. 1 #26. Nueva York: Vértigo, 1990 (impreso).

Jameson, Frederic. *Ensayos sobre el posmodernismo*. Buenos Aires, Argentina: Imago Mundis, 1991 (https://www.uv.mx/blogs/tipmal/files/2016/09/F-JAMESON-ENSAYOS-SOBRE-EL-POSMODERNISMO.pdf). Última visita 21 de mayo de 2018.

---. *Documentos de cultura, documentos de barbarie*. Madrid, España: Visor, 1989.

Rancière, Jacques. *El espectador emancipado*. Buenos Aires, Argentina: Ediciones Manantial, 2010.

Segato, Rita. *La escritura en el cuerpo de las mujeres asesinadas en Ciudad Juárez. Territorio, soberanía y crímenes de segundo estado*. México DF, México: Universidad del Claustro de Sor Juana, 2006 (http://www.feministas.org/IMG/pdf/rita_segato_.pdf)

Siegel, Jerry y Schuster, Joe. *Superman: The Golden Age Vol. 1*. Nueva York, Estados Unidos: DC Comics, 2016 (impreso).

Simone, Gail. *Women in Refrigerators*. LBY3, 1999. http://www.lby3.com/wir/. Última visita 1 de diciembre de 2017.

Trillo, Carlos. Cybersix: *El libro de la bestia*. Buenos Aires: Meridiana Comics, 1994 (impreso).

Williams, Raymond. *Marxismo y literatura*. Buenos Aires, Argentina:

Las Cuarenta, 2009.

Yehl, Joshua. "Kelly Sue DeConnick Talks Captain Marvel, Pretty Deadly and the Sexy Lamp Test": IGN [Los Angeles, EEUU] 20 de junio 2013. Recuperado de: https://www.ign.com/articles/2013/06/20/kelly-sue-deconnick-talks-captain-marvel-pretty-deadly-and-the-sexy-lamp-test(últimavisita 4 de diciembre de 2018).

Zizek, Slavoj. *El acoso de las fantasías*. México DF: México: Ed. Siglo XXI, 1999.

---. *El sublime objeto de la ideología*. México DF, México: Ed. Siglo XXI, 2008.

Alicia Montes
Universidad de Buenos Aires

El cuerpo en *Zama* de Antonio Di Benedetto: entre la pose y la animalidad

> Estaba aislado, sitiado, indefenso
> porque me habían desarmado los contrastes.
> *Zama*, A. Di Benedetto

Imagen pensativa y pose: un hombre en espera

La espera imprime una tensión en el cuerpo, entre el impulso de una ansiedad que no se puede saciar en el presente y un lleno imaginario sostenido en la esperanza incierta de lo que debería advenir, pero se niega. Por eso, el cuerpo queda sujeto en el vacío: "y ahí estábamos, por irnos y no" (Di Benedetto 5). Diego de Zama, como el cadáver del mono con el que se mimetiza imaginariamente a través de la mirada al comienzo de la novela, queda atrapado en el intervalo de dos tiempos igualmente imposibles de habitar: el pasado y el futuro. En la experiencia incómoda del que cifra su posibilidad de ser en lo que todavía no es, como superación de un presente insatisfactorio y estéril, el pasado se transforma en una figura evanescente que solo parece tener consistencia en el discurso memorial del personaje en torno a las glorias de una vida cuyas contradicciones se revelan, a cada paso, en el momento mismo de su enunciación. Esta disonancia emerge en la contaminación que se produce entre la imagen vergonzante que le devuelve en espejo el insulto del marido de la mujeres observadas en su desnudez cerca del río, "'buscón de mujeres honestas', 'asqueroso mirón que ni se les atreve'" (Di Benedetto 99), y la síntesis biográfica que de sí mismo construye Zama cuando se recuerda como corregidor: "fui gallo de riña, o al menos dueño del reñidero" (Di Benedetto 6).

La ambivalencia que atraviesa al personaje se agudiza en la mirada reprobatoria que tiene de la figura deslucida y limitada de asesor letrado del gobernador en la que lo ha convertido la espera de un cargo mayor que certifique las posibilidades que sueña para él. Por ello, el relato de Ventura Prieto, sobre los peces que se aferran a la existencia en las aguas de un río que quiere expulsarlos de ellas, en una de las posibles lecturas, lo coloca en contacto con lo que Diego de Zama teme saber de sí. Él también actúa como un pez insignificante que gasta toda su energía vital en agarrarse con desesperación de las orillas del poder esquivo para salir del margen y acceder al cauce central de la vida y allí recuperar el brillo perdido. Al mismo tiempo, mientras da pasos al azar en el laberinto angustiante de la espera, el ansia de dominio irrumpe, frente a las mujeres, con la forma de un cuerpo deseante en el que conviven el seductor, el hombre maltratador, el amante despechado y el voyeur temeroso (Di Benedetto 6-9).

Esta misma ambigüedad se repite en la imagen del pasado que la memoria le devuelve. En forma simultánea a la visión heroica de sí que construye, emerge algo poco nítido, resbaladizo y difícil de asir, igual que las vísceras pegajosas de un animal: "El enérgico ejecutivo, el pacificador de indios, el que hizo justicia sin emplear la espada [… que] quizá no tuvo tanto de aguerrido y temible" (13-14). Así, entre el recuerdo idealizado de un corregidor severo, justo, bravío y la inconsistencia del menguado asesor letrado del presente, hay una continuidad que erosiona la figura del primero dotándola de una forma contradictoria. En el mismo cuerpo, se contaminan el resplandor del poder justiciero y la sombra de una trayectoria hecha de violencia sobre el oprimido: "un corregidor justiciero puede seducir fácilmente la voluntad de los esclavos estragados por meses de represión más que violenta y cruel." (14), que en el presente se trasmuta en pose cortesana y sumisión ante un poder que lo desaíra y lo posterga una y otra vez (116-117).

La historia narrada por la novela de Antonio Di Benedetto, *Zama* (1956), centrada en la espera, que Lucrecia Martel (2017) vuelve a tejer con el mismo título, a modo de sucesión polifónica de sonidos e imágenes fragmentarias y alucinadas de extrema belleza, encuentra en la primera escena del filme, detenida en la pose del personaje frente al río, mientras espera la llegada de un barco con noticias, la materialización más nítida del oxímoron que lo constituye. La cámara de Martel suprime la mirada de Zama sobre el mono muerto, que ini-

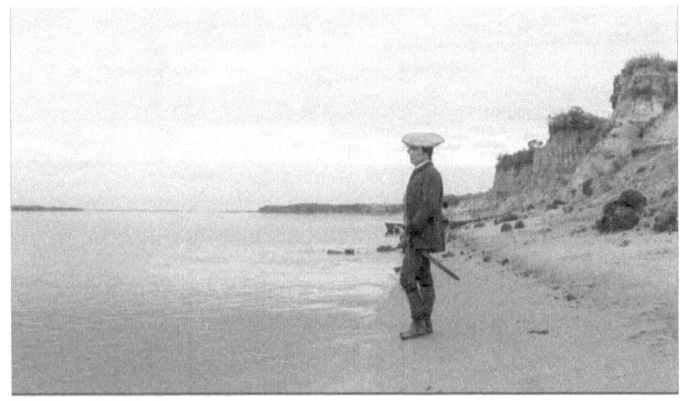

Secuencia del filme de Lucrecia Martel, *Zama*

cia la novela, y lo presenta desde afuera, con tricornio blanco y levita roja patinada por el tono de la tierra, erguido junto a la orilla del río, mirando hacia el horizonte, con la espalda recta y el pecho expandido, una de sus piernas levemente flexionada y la mano izquierda apoyada en la espada, de espaldas a un territorio que vive como clausura. La pensatividad ostensible en la forma de este cuerpo erecto, que rompe la horizontalidad de la costa amarillenta, se manifiesta como punto de fuga en el que los sentidos abiertos por la figura de Zama subrayan su indeterminación (Rancière). Su cuerpo abre, tanto en el filme que se inicia con esta figura como en la novela que la va construyendo a través del relato autorreferencial de Zama, una hendidura por la que se dejan entrever las múltiples contradicciones del personaje y las tensiones que lo habitan. Tanto la imagen visual que brinda la cámara como las figuras del discurso autorreflexivo que dibuja la escritura organizan una dialéctica impedida de resolver la conflictiva relación entre el deseo narcisista de completitud que guía las acciones, los pensamientos del personaje y la falta que lo define. De este modo, se constituye en el relato como sujeto escindido (Jay 289-290).

La pose, que revela el carácter cultural y no natural del cuerpo, da forma al personaje, delata su empeño de permanencia en una dignidad, más discursiva que real, a la que se aferra como única posición de sí ante los otros y como resistencia al papel deslucido y secundario que le toca representar en el minué del poder, en esa tierra olvidada y ciega a sus ambivalentes merecimientos. Su figura, un punto en la inmensidad del paisaje, aparece encerrada en el filme entre la monotonía terrosa de la costa y sus barrancas y el borde de las aguas de un río silencioso y enigmático como el futuro. En la novela, el cuerpo de Zama es la forma de una insularidad que al mismo tiempo que lo separa de la horizontalidad de la naturaleza, lo excluye de una sociedad a la que no termina de integrarse. En esta tensión, el personaje se aferra a la pose, postura corporal que en su oquedad niega y exhibe al mismo tiempo la condición ilusoria de su subjetividad, su autenticidad incierta de hojarasca, hinchazón y lustre oxidado.

La primera escena del filme muestra un hiato, una antítesis entre figura y fondo: la pose cortesana que sigue un modelo pictórico se contrapone al paisaje que la encierra subrayando su extranjería. Sin embargo, a lo largo del relato, tanto de Di Benedetto como de Martel, el cuerpo erguido de Zama irá mimetizándose con esa tierra negada y fatal, hasta confundirse con su infinita horizontalidad. En ese momento, al final del filme de Martel, la mirada de la cámara se desplaza de la figura del protagonista a la de los camalotes que cubren las aguas para fundirse en el verde laberíntico de sus hojas. La novela, por su parte, se cierra con la recuperación del mundo que el personaje, acostado boca arriba, cree reconstruir al abrir los ojos. Este pasaje del sujeto a la naturaleza, de lo personal a lo impersonal, hace evidente algo de falso, de impostado, en la pose que lo separa y diferencia de ella. Es un artificio que permite soportar la angustia del vacío, materializado en una vida cotidiana anodina en la que las creencias y aspiraciones de Zama se van desmadejando por frustración, desidia, abandono o traición. Al respecto, escriben Alexandra Kohan y Nicolás Freibrun: "La primera imagen de la película de Lucrecia Martel muestra a un Diego de Zama de perfil, sacando pecho; una suerte de conquistador que tiene algo de inauténtico y de imposible, algo que no puede llegar a ser. Aunque es en esa imposibilidad que vendrá a alojarse su verdad".

La experiencia insatisfactoria de la espera, que deja al descubierto la inconsistencia de un sujeto pascaliano, vacío, débil y disperso en acciones que no lo llevan a ningún lado (Burger), obliga a la pose porque es lo único que diferencia al hombre vivo del cadáver, entregado a la muerte y convertido en cosa (Csordas). A diferencia del mono muerto en las aguas del río, que ya no puede decidir qué hacer en su viaje y va y viene impulsado por las olas mientras sigue atrapado en las patas del muelle, Zama se aferra a las ilusorias posibilidades del acontecer aunque le dejen las manos vacías (Di Benedetto 12) o se las amputen, en el final de la novela y del filme de Lucrecia Martel, cuando traiciona su palabra de silencio, delata a Vicuña Porto y es castigado por éste.

La espera obliga a Zama a realizar recorridos azarosos, a pronunciar discursos teatrales, a actuar de un modo que muchas veces lo avergüenza, a reflexionar de manera solipsista, a inventarse amores imposibles, a representar un papel. Estas acciones vuelven concreta una existencia fantasmal, atravesada por el deseo, pero, también, por el miedo, la decepción, el hastío y la impotencia. Ins-criben en el cuerpo, para ocultar la insustancialidad del yo, un *horror vacui* que impulsa al acto, a la aventura intrascendente, a la inmersión en lo más abyecto de sí en un regodeo en el que se reconoce. Exacerba un juego de artificios que escamotean la verdad del hueco de una vida que, sin certezas, encuentra en el esperar el único impulso para seguir: "Me pregunté, no por qué vivía, sino por qué había vivido. Supuse que por la espera y quise saber si aún esperaba algo. Me pareció que sí. Siempre se espera más" (Di Benedetto 201).

La espera espacializa el tiempo, desatando una errancia laberíntica por la ciudad, los salones, los lugares que cobijan un poder siempre marginal y los amoríos. Estas acciones son catálisis, retardamiento, relleno de un tiempo que se estira y acrecienta la distancia entre el presente, el pasado vivido y el futuro, espejo de una ilusión.

En esos trayectos baladíes y discontinuos, que el filme de Martel fragmenta con escenas de una perfección técnica que embelesa, el personaje emerge vanidoso y sufriente. Por ello, la historia narra el proceso de despojamiento de un cuerpo que se arma y desarma en el ensimismamiento especular y el ensueño solitario, pero también en la exposición frente a los otros, que lo configuran a través del lenguaje y subrayan, aun cuando pretendan admirarlo, la inconsistencia y la inestabilidad de lo que cree ser:

> "Le he dicho quién era Zama". Un resplandor de mi Otra vida que no alcanza a compensar el deslucimiento de la que en este tiempo vivía. Zama había sido y no podía modificar lo que fue. (...) Ese niño, el hijo de Indalecio, venía a reclamármelo con su emoción admirativa (...) Pero, con todo, yo esperaba ser yo por el futuro, mediante lo que pudiera ser el futuro. Tal vez creía serlo ya y vivir en función de esa imagen que me aguardaba adelante. Tal vez ese Zama que pretendía parecerse al Zama venidero se asentaba en el Zama que fue, copiándolo, como si se arriesgara, medroso, a interrumpir algo. (14-15)

Así, el presente constituye un collage con fragmentos de pasiones inventadas, aventuras eróticas fallidas, asechanzas, provocaciones, fantasías y despilfarro de lo que se carece. A falta de noticias que confirmen la realización de sus planes, Zama le da forma a una existencia en la que deviene sátiro contenido por el imperativo de ser como la imagen que se forja de sí mismo, y potro acicateado por el deseo de lo que se le niega. La pose intenta disimular las fuerzas en tensión de las contradictorias pulsiones que lo mueven. Necesita una aventura heroica o amorosa a modo de prótesis que ocupe el lugar de la falta. ¿Qué espera Zama sumergido en un laberinto de espejos en el que todo es imagen inaprensible y transitoria? Un barco, es decir, una carta de su mujer, a la que pide egoístamente que se sacrifique y pase penurias por su carrera, noticias de sus hijos, dinero para vivir y pagar deudas y, sobre todo, un traslado a otro lugar, un nombramiento que ponga fin a ese interinato en el purgatorio al que lo sometió el designio de un poder casi kafkiano: tan lejano y sordo, como difuso y autoritario.

El narrador-personaje escribe el relato de un deseo tan absurdo como la existencia, e igualmente carcelario, que lo vincula a aquellos dos personajes payasescos que sin saber dónde, ni quién es, o si vendrá, no pueden dejar de esperar a Godot. "Como en el deambular peripatético de los vagabundos de Beckett, pasos de suelas, no de cascos de caballos, es lo que se oye en las idas y venidas de Zama: el lenguaje se vuelve sobre sí mismo; los remolinos chupan el sentido pero dejan escapar por la tangente un hilo de afán de pagar, una pretensión de conducta que si a algo se encamina es a la mutilación, luego a la extinción, y deja las huellas de su rara locura" (Cohen).

Lo incomprensible e insustancial de cada escena narrada, en la que Zama juega roles que resuenan a falso, materializa aquello que no puede simbolizarse, que queda afuera de la palabra, lo que no tiene cabida en ningún lugar porque es lo real que no tiene límite, se dilata, se expande, se desterritorializa y es ajeno al control. Sin relato teleológico que otorgue sentido retrospectivamente a la vida vivida, la espera erosiona el peso de la experiencia y la convierte, como en la histérica aventura con Luciana, en un "sutil juego de expectativas" (Di Benedetto 18), en un enigma por descifrar, como el de las dos mujeres blancas de la segunda parte de la novela, o en los pasos de un baile de avances y retrocesos organizado por el poder de turno: todo se reduce a "espolón y desconcierto" (Di Benedetto 119).

El agujero dilatado del tiempo sin tiempo de la novela, a pesar de las fechas que la articulan como posibilidades que se abren para no realizarse tal como se las imaginaba (1790 - 1794 - 1799), es circular, reiterativo, casi estático aún en sus variaciones fractales. Expone la comunidad que existe entre Zama y los animales con los que las imágenes de la escritura lo piensan y le hacen compartir la revelación de lo inquietante y peligroso en lo familiar: el mono muerto, los peces, el caballo, los perros, el murciélago, la araña, la víbora. A medida que avanza el relato, el cuerpo de Zama va des-pojándose de la pose, ese espacio que se construye en relación con la mirada social y la cultura, y se presenta cada vez más desnudo, más animal y más frágil: "Pude verme convertido gradualmente en figura de duelo, por adhesión a las sombras, pelusa de murciélago, en el curso de mi camino" (159). La narración deconstruye el binarismo yo-otro que lo diferenciaba de lo ajeno, para configurar al personaje desde una perspectiva descentrada e impropia. En este sentido, emerge en las imágenes de la novela un pensamiento no pensado so-bre lo animal como elemento pre-individual (pasado) y post-individual (futuro) que constituye al hombre en tanto cuerpo existente y parte de lo viviente (Esposito 2011).

De esta manera, una serie de figuras coagulan y le dan forma al espejo trizado con el que el lenguaje, una lengua hecha de retazos de otras lenguas, construye la historia de Diego de Zama como pasaje de la pose a la animalidad, esa zona fronteriza móvil e inestable en la que se manifiestan las múltiples formas de lo que vive y que desdibuja los límites trazados por el hombre en torno a lo propio de lo humano (Calarco). Así, el personaje se abre al devenir despojado de toda pose, de toda fatua erección, de toda jerarquía o superioridad sobre lo otro. Frente a la mirada del niño que lo salva y protege se manifiesta en su vulnerabilidad, en su incompletitud, en el primitivo y radical deseo de vida. Al igual que los animales, que están desnudos sin saberlo, y por consiguiente no experimentan la desnudez como el ser humano (Derrida 19), ya no siente vergüenza frente a la mirada del otro, convertida en su mirada, y se entrega al poder viviente de lo impersonal que constituye su cuerpo (Esposito). La línea vertical del poder antropocéntrico, la pose del animal erguido, que funda la civilización con un gesto de dominio y represión que se vuelve contra sí mismo, se sustituye por la horizontalidad de los humillados (humus), que caracteriza la posición de los animales conectados con todos los sentidos a la tierra (Canetti) y, desde ese lugar, se vincula con una voluntad que está más allá y más acá del Ego racional y autocentrado.

Al final de la novela, Zama quiere sobrevivir aun convertido en despojo de lo que creyó ser, liberado de toda pose, asumiendo la falta de la misma manera que el ansia de vivir que proyecta su deseo metonímicamente. Así, el personaje configura una trayectoria que se organiza como variaciones existenciales de un cuerpo vivo, de una forma de vida: espacio de lucha entre fuerzas reactivas y activas cuya diferencia no se reconoce con facilidad pues se esconden en el artificio y el engaño. A lo largo del relato, Zama emerge como figura que imita "el señorío solitario de la luna" (Di Benedetto 16), se muestra "estúpidamente envarado y absorto" (16), se percibe como un "animal enfurecido" que en su afán de escapar embiste y se lastima una y otra vez contra una roca (63), se convierte en personaje pesadillesco sintiendo crecer en su cuerpo un ala de murciélago (11); piensa su pasado de corregidor con la forma pringosa de las vísceras de un animal abierto, informe y resbaladizo (14), acepta sellar un pacto que lo convierte en un hombre vil de aventura y crimen (204) y en un delator (205), para renacer en la horizontal de la vida como un niño asombrado que al abrir los ojos imagina re-crear el mundo (206).

En el final abierto (pensativo) de la novela, Zama deviene la forma de un cuerpo mutilado, vulnerable, aunque no inerme, renacido gracias a la piedad de "una fiera", Vicuña Porto, y el cuidado de un niño rubio fantasmal que lo mira con tristeza, o con una mirada animal sin fondo (Di Benedetto 206). El filme de L. Martel produce una variación manteniendo abierta la pensatividad del relato. La escena que cierra la secuencia lo muestra boca arriba sobre el piso de una canoa, conducido por un niño moreno (¿Hermes Psicopompo?) a través de las aguas de un estero, pobladas de camalotes de un verde tan intenso como la pulsión vital que le permite continuar su viaje. Ambos finales, el de la literatura y el del cine, ponen en el centro no al individuo sino a la fuerza que asegura que la vida continúe como una voluntad impersonal, enigmática y poderosa.

De peces, monos, caballos y otros animales

> La forma-de-vida no es algo así como un sujeto, que preexiste al vivir y le da sustancia y realidad. Por el contrario, se genera viviendo, es "producida por eso mismo de lo cual es forma" y no tiene, por tanto, respecto del vivir, prioridad alguna, ni sustancial, ni trascendental. Es sólo una manera de ser y de vivir que no determina de ningún modo al viviente, así como tampoco está determinada por él en modo alguno y, no obstante, le es inseparable.
> Giorgio Agamben

La tradición filosófica occidental ha pensado al hombre como animal racional, como animal político y como animal parlante, pero lo ha contrapuesto al mismo tiempo a lo animal, organizando un binarismo que al privilegiar la condición racional de los seres humanos coloca al segundo término de la antítesis en el lugar de lo absolutamente otro e inferior. Esta operación, naturalizada, ha permitido considerar a los animales a partir de un concepto general y abstracto que no respeta la singularidad de su existencia cuando, en su diversidad, son rebeldes a todo concepto simplificador y abstracto (Derrida 25). Desde la perspectiva logocéntrica, lo animal es lo opuesto negativo a lo humano positivo. Su *noema* es la carencia de razón. Esta postura filosófica antropocéntrica es inseparable, por otra parte, de una posición de dominio que reifica la otredad y postula como verdad una presuposición sobre la falta del animal, sobre lo que sería su carencia esencial y su diferencia ontológica en relación con el hombre. Absolutiza una hipótesis y, para definir qué es ser humano, necesita pensar negativamente la animalidad ocultando lo precario y frágil de la existencia humana, afectada por la vulnerabilidad y la falta (Derrida 19).

La literatura, por su parte, ha sido espacio de emergencia de diversas formas de pensar y presentar imágenes de lo animal, específicamente en las fábulas griegas (Esopo, Fedro) y neoclásicas (Samaniego), en las leyendas tradicionales y los mitos americanos anónimos, pero también en las narraciones góticas (Stoker) y la poesía decimonónica (Baudelaire), y en un sinfín de ficciones contemporáneas (Kafka). Las formas canónicas de presentación de los animales construyen su imagen a partir de lo que el hombre proyecta de sí en él y de lo que considera, desde su perspectiva antropocéntrica, que ellos deberían pensar si pensaran. De esta manera, se los reduce a mero reflejo narcisista de lo humano o se los construye como pensados por un pensamiento que les es exterior y los cosifica. Esta visión didáctica y ejemplar de la animalidad no reconoce que ellos son la "alteridad absoluta del vecino o del prójimo". La mirada animal permite tomar conciencia del "límite abisal de lo humano" (Derrida 25 y 28). Así, en las parábolas de animales de Kafka, que escenifican un nuevo pensamiento de la animalidad, los seres "que protagonizan los relatos no son nada ni nadie en particular; encarnan, más bien, la voz de lo viviente entendido como indeterminación, virtualidad, diferencia pura que se resiste a ser aprehendida como un 'yo'" (Yelin 85).

El cuerpo animal y el del ser humano son igualmente indescifrables y opacos ante la mirada que los objetiviza o intenta interpretar lo que no se da al ver cartesiano. El hombre tiende a es-cribir en ese cuerpo, que percibe como ajeno e inferior, pero con el que está íntimamente ligado, aquello que lo obsesiona de sí y al mismo tiempo lo espanta, para poder tomar distancia. El sujeto inmunitario se constituye expulsando al afuera aquello que considera "impropio", aunque lo impropio, lo impersonal de la vida, es aquello que más íntimamente lo constituye, "como aquello que excede, rompe, hace estallar los límites del sujeto y de lo personal", y como interrupción, desarticulación, "alteración en lo humano (una extrañeza, una otredad que desarma la mismidad y la propiedad de sí)" (Cragnolini 103).

Federico Nietzsche llama al ser humano "animal-hombre", poniendo en primer lugar la animalidad del ser y cuestionando la preeminencia que la filosofía occidental le dio al segundo término. Determina que este borramiento es producto de una ficción surgida de la necesidad de compensar la debilidad originaria del sujeto El pensamiento antropocéntrico hizo de la carencia un signo de supe-rioridad. En este sentido, el gran artificio del animal-hombre, que carece de dientes agudos y fuertes o cuernos filosos y poderosos para defenderse, es la ficción de una superioridad que lo convierte también en un animal-artista: "en el hombre el arte de la simulación llega a su cima." (PiossekPrebisch 159). Ahora bien, la recuperación de la dimensión ficcional de la vida humana permite, en compensación, advertir un poder crucial del hombre, su capacidad transformadora, su posibilidad de fingimiento: "como parte de la naturaleza es un creador nato; imagina, fantasea, inventa, se engaña a sí mismo o a los otros […], de este modo se hace a sí mismo y puede hacer un mundo habitable" (Molina 86-7)

En Zama, esa capacidad artística transformadora está cristalizada en la forma de la pose de quién, cuando no puede conectarse con la fuerza vital e impersonal que lo impulsa, pretende cubrir el vacío del yo que lo angustia con la puesta en escena de una ficción construida para sí y para los demás como juego de simulacros cortesanos: "Me hizo tanto bien ese juicio ajeno a la realidad que arriesgué todo para confirmarlo" (100). Sin embargo, este es solo uno de sus aspectos ya que, en tanto atravesado por la voluntad de poder, emerge en él una pulsión vital que crea y destruye, como en un juego de niños, pero también fuerzas reactivas que lo llevan a la sumisión y al disciplinamiento, para no perder la protección y el amparo del poder. Esta tensión se manifiesta como una cinta de Moebius. No existe un límite claro entre los valores activos y reactivos de esas fuerzas que lo impulsan. En su soportar los antagonismos y seguir adelante, se hace evidente la fortaleza del personaje que se aferra a la vida pese a todo, aún en la espera incierta. En este punto, emerge en la escritura una animalidad que lo constituye como manifestación de los vectores contradictorios de lo viviente impersonal. De allí que los animales aparezcan como motivos recurrentes y ligados íntimamente a Diego de Zama, a lo largo de la novela, y especialmente en situaciones clave.

Sin embargo, no es *Zama* la primera ficción en la que Antonio Di Benedetto relaciona la corporeidad de un personaje con lo animal. En Mundo animal (1953), conjunto de relatos marcados fuertemente por las parábolas de Kafka, la corporeidad aparece en una fuerte relación con lo animal, como escenario en el que se hace visible. En este sentido, Fabiana Inés Varela señala que en el cuento "Mariposas de Koch", el cuerpo aparece objetivado por la intrusión de mariposas que lo transforman en su hábitat, pero que también son metáfora de eso ajeno, la enfermedad, que el sujeto no quiere reconocer en sí. La tuberculosis surge al principio camuflada bajo la apariencia inocente de mariposas rojas. El sujeto que cree tenerlas en su interior está imposibilitado de reconocerla como signo de la extrañeidad en su organismo pues no asume una realidad que le resulta insoportable. Por su parte, Laura Romero y Rafael Arce observan que los relatos de Antonio Di Benedetto socavan las analogías didácticas hombre-animal de las fábulas: "las figuras animales, lejos de someterse a este 'razonamiento' o 'cálculo' que administra y usufructúa el imaginario no humano, se corporeizan en las zonas desconocidas o disimuladas de lo que se presenta como propio, dominado, familiar y humano, poniendo estos límites del 'adentro' y 'fuera de sí'" (101).

La recurrencia a la relación hombre-animal que se observa en muchas ficciones de Di Benedetto puede relacionarse con el surgimiento de un paradigma antihumanista que se insinúa a partir del fin de la Segunda Guerra Mundial y que se configura como rechazo al ideal antropocéntrico que organiza el pensamiento binario y catastrófico de nuestra cultura. Las figuraciones de los animales que irrumpen en la filosofía, las artes y la literatura contemporáneas erosionan, en buena medida, la idea sustancialista de un sujeto unario, definido por la razón, que en su dualismo conciencia-cuerpo asigna a este último, y a las fuerzas vitales instintivas, un lugar subordinado, exterior y abyecto.

Según Eliane Robert Moraes, con Lautréamont, el surrealismo y el grupo de artistas y pensadores nucleados en torno a George Bataille, se afirma la primacía de las formas en constante mutación y se lee la historia del reino animal, en el que se incluye al hombre, como una serie de metamorfosis desconcertantes. Por ello, la transformación de la corporeidad se postula como un constante proceso de escisión, dispersión del Yo en lo que considera exterior a sí, extraño. La potencia vital surge en plenitud cuando el hombre se abandona a sus impulsos animales y al devenir mutante. La capacidad de transformarse implica la proyección del ser fuera de sí, atravesando los límites y desidentificándose de lo que se considera tradicionalmente humano (Robert Moraes 131).

En la novela de Di Benedetto una serie de figuras animales funcionan como puesta en abismo de la complejidad que constituye el relato que da consistencia como personaje a Diego de Zama, en tanto cuerpo abierto a las formas de la vida, azarosas y transformadoras. A través de las imágenes de los animales, se ponen en crisis aspectos de la máscara humana asumida por el personaje para ocultar el vacío de su interioridad subjetiva y se exhiben las relaciones con el otro que lo perturban, desestabilizando su identidad. El gallo de riña, el mono muerto, los peces que se aferran a la vida en el río y el caballo refrenado en su potencia pasional, emergen como formas dobles y plurales de lo viviente, de lo cual también es parte Zama, más allá y más acá de su condición de personaje individual con un nombre, un relato de memoria que intenta construir una trama coherente de sí infructuosamente.

Estas diferentes imágenes de la animalidad se completan con otras en las que aparecen aspectos nocturnos y peligrosos de la vida, lo *unheimlich* que permanecía oculto en la familiaridad de lo cotidiano: el murciélago pesadillesco, los perros callejeros, el puma entrevisto bajo los rayos del sol, la víbora y la araña surgidas de la imprevisibilidad de la naturaleza. Unas y otras figuras organizan una constelación de imágenes complejas que van marcando, de manera más o menos sesgada, el modo en que la escritura narra y piensa al personaje de Zama: como un animal autobiográfico (Derrida, 46) en el que se tensionan sin solución de continuidad lo propio y lo impropio, lo personal y lo impersonal. De esta manera, la ficción pone en crisis el cogito cartesiano, en la medida en que irrumpe en el relato algo mucho más radical que la conciencia segura de sí que constituye al sujeto moderno inmunitario. Emerge lo innegable del miedo, la angustia, el sufrimiento y la vulnerabilidad, como experiencia radical y constitutiva de la corporeidad de lo viviente (Derrida 44).

La estrategia con la que se construye al personaje, a partir del discurso especular de un yo-narrador en el que emerge la extimidad (Miller) que le da forma, permite hacer evidentes las pulsiones ocultas, las acciones indignas, los desvaríos y, en su condición de cuerpo viviente, su relación con los diversos animales que aparecen en la novela. El cuerpo de la escritura configura la consistencia corporal de lo humano que, en tanto espacio relacional y existencial, produce subjetividad y modos de vincularse con la otredad. Si alguna vez Zama se imaginó como un gallo de riña, poderoso y valiente, en su rol de corregidor, hoy se resigna a reconocerse en las cosas exteriores de una naturaleza que lo arroba y le pone "pensamientos traicioneros" (Di Benedetto 5) que debilitan sus fantasías narcisistas y lo abren a lo otro. Así, un mono muerto, unos peces vivos o la belleza de un puma que oculta su peligrosidad son las imágenes existenciales con las cuales da forma a su vida al mismo tiempo que la vida vivida le da forma. La figura del oxímoron, con la cual se lo construye, vuelve perceptible el campo de batalla que es su cuerpo, tironeado por fuerzas contradictorias y en lucha.

En las primeras páginas de la novela, Zama espera y, simultáneamente, casi como en un mismo acto, ve en las aguas del río el cuerpo de un mono muerto, "todavía completo y no descom-puesto" que está "por irse y no" (5), cómo él. Ese cadáver tironeado por las aguas, que se lo quieren llevar corriente abajo, ha quedado atrapado entre pequeñas olas y remolinos por los palos del "inexplicable" muelle que se yergue un cuarto de legua más abajo de la ciudad y el puerto. Entre ese cuerpo muerto y el personaje se organiza un juego de relaciones en las que las diferencias circunstanciales no hacen más que subrayar la identidad que los aproxima. Uno está atrapado en la horizontalidad del agua, el otro erecto en tierra; uno, vivo, observa un cuerpo sin vida; otro, el observado, es un cuerpo abyecto que lo mira desde su no mirada. Ambos coinciden en una sujeción que detiene su posible viaje y en el estar a merced de movimientos contradictorios que los superan y contra los cuales nada pueden hacer más que esperar o dejarse llevar por la corriente. Para los dos cuerpos, el agua es una "invitación al viaje" (5). El mono solo pudo concretarla con la muerte, convertido en corporeidad inerte, Zama lo emprende, en la tercera parte de la novela "Año 1799", cuando pide plaza en la legión que irá tras Vicuña Porto, ese hombre que "era como el río, pues con las lluvias crecía" (166). En esa decisión de partir, se mezclan el desvarío, el deseo de aventura, pero también la ruptura de los lazos que le impedían salir del encierro ciudadano, como los palos del muelle continuar su viaje al mono.

La salida de la ciudad se configura como guerra contra un fantasma que está en todas partes y cuyo rostro nadie conoce (166). Ese hombre "numeroso", que daba nombre a todos los crímenes cometidos, debía ser cazado en su guarida como un animal peligroso y temido, pero, mimetizado con el entorno y las tropas que lo perseguían, podía estar en cualquier lugar y en el cuerpo de cualquiera. Vicuña Porto es en el imaginario de Zama la presa peligrosa por cazar, el cuerpo extraño y poderoso que debe ser devorado para recu-perar el destino perdido, pero, también, el azar inaprensible de la vida, la aventura que le devolvería una dimensión heroica. Este hecho convierte su búsqueda en la persecución de una quimera: la de encontrar a quien no tiene rostro y es solo un nombre, un animal idéntico a otros e igualmente peligroso, y la de pensar que esa cacería improbable favorecerá la concreción de sus aspiraciones, como le había hecho soñar el gobernador.

El retorno de Diego de Zama a las armas no es, sin embargo, la recuperación de la posición de preeminencia del pasado, ni siquiera el modo de seguir sosteniendo su pose: "El jefe del regimiento no me otorgó mando. Me dijo que tendría yo entera autoridad, pero el pelotón llevaba al frente a un oficial de servicio activo (...) Era un desdén, el del jefe, embozado de respeto". (167). Aislado de nuevo, sin poder identificarse ni con quien mandaba ni con la tropa, queda abandonado como el cadáver del mono a merced de las corrientes y los escollos de la aventura emprendida. Sin embargo, el viaje funciona como el pasaje a una transformación. Del individualismo autocentrado que lo caracterizaba en las dos primeras partes de la novela, en la marcha deviene un cuerpo múltiple formado por soldados, caballos y ganado. Más adelante, será un cuerpo horizontal, humillado, mutilado, sin manos, que a pesar de eso quiere seguir vivo para tener la posibilidad de elegir. Así, al cadáver completo del mono que ya no puede decidir, se le opone el cuerpo sufriente y amputado de Zama, que sigue aferrado a la vida: "aún sin brazos, sin ojos, podía comer raíces arrancadas con los dientes, podría rodar como un bulto hacia el río. Si me dejaban la vida, conservaría la facultad de escoger la vida o la muerte" (205).

Esta circunstancia se relaciona con el relato que le hace Ventura Prieto cuando lo encuentra a orillas del río observando el cadáver del mono. Zama recela de la veracidad y el sentido de la narración, tal vez porque la interpreta como fábula o parábola incó-moda, atribuyéndole un significado que es fruto de su propia interpretación. El asesor letrado encuentra una cercanía insoportable entre la situación desairada en la que se ve a sí mismo y lo que su subalterno refiere de los peces (ich-ichtus). Ambas historias convergen, la de Zama, condenado a vivir en una zona olvidada y periférica del imperio, apenas una estación en el calvario de la espera, aislado de todo, y la de los peces, que empeñan su vida agónica en seguir en el río que los expulsa a las márgenes. Sin embargo, es posible ver otros sentidos que ponen en el centro la potencia de un instinto vital, más allá de toda razón, que se manifiesta en el impulso con el que el cuerpo de Zama y los peces quieren seguir viviendo a pesar de la des-ventajosa situación en la que se encuentran y aún a riesgo de morir en el intento por falta de energía para seguir luchando. Está voluntad no es una decisión subjetiva, es algo más arcaico que tiene que ver con las fuerzas activas de lo viviente. El yo irrumpe como la ficción interiorizada de una animalidad que no tiene interior y que se manifiesta como una pulsión primitiva más allá de todo proyecto humano y toda ambición individual en el valor transcendente de la inmanencia vital:

> hay un pez, en ese mismo río, que las aguas no quieren y (...) debe pasar la vida, toda su vida, como el mono, en vaivén dentro de ellas; pero de un modo más penoso, porque está vivo y tiene que luchar constantemente con el flujo del líquido que quiere arrojarlo a tierra (...) tienen que emplear casi íntegramente sus energías en la conquista de la permanencia, y aunque siempre están en peligro de ser arrojados del seno del río, tanto que nunca se les encuentra en la parte central del cauce, sino en los bordes, alcanzan larga vida (...) solo sucumben, dijo también, cuando su empeño les exige demasiado y no pueden procurarse alimento. (6)

El relato pone en crisis la lógica antropocéntrica que considera al hombre un animal superior con un yo-conciencia que le da forma a la vida y al que está subordinado el cuerpo. Plantea el pensamiento de un común, de una contaminación, de un juego de equivalencias en lo viviente que supone la caída de límites entre Bíos y Zoé. La angustia que manifiesta el comentario del yo narrador, "recelaba de pensar en el pez y en mí al mismo tiempo" (6), da cuenta de la crisis de certezas que provoca en él la historia, pues erosiona la percepción antropocéntrica y binaria de esos cuerpos agonísticos y los coloca en un espacio vital común, deconstruyendo las jerarquías que organiza a los seres en un arriba/ abajo, cuando se toma como único parámetro válido la posesión o no de razón.

En la historia que narra Ventura Prieto, hay dos expresiones clave "está vivo" y "la conquista de la permanencia" que tienen que ver con la idea de una terquedad en el vivir común a hombres y animales. La condición existencial de Zama, atrapado en la espera, condenado a existir en los bordes del poder, separado de lo que ama, enfrentado a su falta, se justifica para el personaje, aún al final de la novela, en este relato abierto que es la vida que se vive y es la única posibilidad de ser. Por esto, no es la visión de los peces una proyección del personaje central en la cual busca reconocer atributos del hombre tal como sucede en las fábulas, o una parábola antropocéntrica ejemplar. Por el contrario, la figura de los peces, que la narración introduce en las primeras páginas de la novela y que el filme de Martel pone en un lugar central, establece una suerte de contrapunto con la descripción del mono muerto, pone el acento en la animalidad, en lo viviente, como conexión con las pulsiones más activas de la vida de la que participan por igual el animal-hombre y los otros animales, como lo impropio que les es propio. Un instinto más allá del bien y del mal, e independiente del carácter absurdo del gesto o de la exclusión en la que se pueda estar existiendo que implica librarse al azar, dejarse atravesar por la vida y aferrarse a ella para no sucumbir.

Entre la imagen del mono muerto y la de los peces se establece un espacio, un intervalo que es el de la espera, esto es, el de la vida. Este entrelugar domina el relato de la novela hecho de frustraciones y de pérdidas, pero también de sueños utópicos y de posibilidades abiertas. En este territorio incómodo e imprevisible se conjugan la postergación recursiva del viaje, el estancamiento en el encierro de la ciudad, y la posibilidad de una permanencia que abre a la elección o a la salida. Entre el cuerpo del mono y el de los peces, en la tensión de las dos imágenes, Zama, en espera activa, traza un movimiento inmunitario de salvación de sí, siempre en riesgo de volverse contra sí mismo (Derrida 64)

Por su parte, la figura del caballo, con la que comparte un común cuerpo en el disfrute de la libertad del galope que une a jinete y potro, pone de manifiesto la identificación entre él y Zama respecto de las pulsiones que debe refrenar en su relación con las mujeres, en especial Luciana, y que se asimilan a las que lo mueven a la aventura. Su cuerpo atravesado por el deseo debe disciplinar los impulsos que lo llevan a la acción, reproduciendo la espera interminable a la que lo somete la estructura del poder real: "Yo era caballo sobre la raya y la orden de salida se difería" (55). En esta analogía Zama se piensa con los animales, y es pensado por la narración a partir del ejercicio de un hábito, igual que el que adquiere el caballo en la espera de los signos de largada en la carrera. En este sentido, su cuerpo y el del caballo aprenden de la misma manera, por mímesis, contemplando lo que hacen los otros de la similar especie e imitándolos. "Hay que atribuir un alma al corazón, a los músculos, a los nervios, a las células, pero un alma contemplativa cuyo papel es contraer un hábito" (Sauvagnargues 23). En esta mímesis, emerge también el carácter disciplinador del hábito que amaestra y reprime lo instintivo.

En otro registro, las figuras del puma, el murciélago, la araña y la víbora, diseminadas a lo largo de la narración, irrumpen la trama discursiva a modo de peligro imprevisto, pero posible, como algo que acecha en lo cotidiano revelando lo siniestro oculto en lo familiar de la vida (Di Benedetto, 65). Lo viviente muestra, así, su condición salvaje, indomable, a través de las configuraciones animales que hacen visible la tensión vida-muerte ligada a la idea de aventura, acontecimiento que tanto puede presentarse a modo de realidad vivida como de pesadilla. Zama contempla bajo el sol y a lo lejos un puma que en su estatismo parece inofensivo, pero sabe que no lo es (7); sueña que le crece un ala de murciélago y desesperado intenta cortársela con un cuchillo (14); observa con aprensión cómo una araña de gran tamaño camina por la cabellera y el rostro de un hombre dormido; se cruza con unos perros enfurecidos que lo atacan en las ruinas de un hospital (69); ve con horror el cuerpo de una víbora que trepa por las patas de su caballo (173) y siente sobre sí el peso de una culebra mientras reposa dentro del cuero que embolsaba su cuerpo para dormir (189-190).

En todas estas irrupciones del peligro oculto en lo viviente, el relato pone en evidencia la pertenencia de hombres y animales a un común espacio. En él, unos y otros exhiben por igual su potencialidad agresiva, mortífera y sus hábitos de defensa. No hay ra-zón que marque diferencia o superioridad. La vida instintiva se manifiesta en ellos de manera equivalente. Si la araña o la víbora pueden picar, si el puma puede atacar y despedazar a su víctima, o los perros morder y desgarrar, y todos ellos mimetizarse con el medio para ocultar su presencia, también puede hacerlo el hombre cuando se siente en peligro y mata o intenta camuflarse con la naturaleza. Zama aplasta con el taco de su bota la araña, despanzurra con su espada a los perros o se queda quieto para evitar ser picado por la culebra. Se trata de sobrevivir, de aferrarse a la vida, a dentelladas si es necesario, tal como testimonia el final de la novela con un Zama que sobrevive a la experiencia traumática y humillante de la mutilación: "Podía, pues, no morir. No morir aún [...] Volvía de la nada. Quise reconstruir el mundo. Despegué los párpados tan pausadamente como si elaborara el alba" (205-206). Pero, en este "regreso" se revela algo más grande y poderoso que el yo individual o la voluntad de sobrevivencia de un personaje: en este gesto que cierra una secuencia, la de su castigo, y abre otra incierta y enigmática, Zama es un cuerpo entregado a lo viviente, principio y fin de la existencia.

Coda

La forma estética tiene la figura de lo irresuelto y pendiente, sus sentidos están siempre fuera-de-cuadro, emergen con la veladura contradictoria de la pensatividad. Hay una política de los cuerpos que irrumpe con la fuerza de la ficción en Zama, como tensión entre la animalidad y la pose, entre el instinto vital impersonal y el discurso reflexivo y autocontemplativo de un yo vacío que se imagina como lo propio del hombre. El narrador-personaje teje un relato sobre sí en el que se entrecruzan la autobiografía, el diario íntimo y la narración de aventuras. En él, analiza desde la condición desvalida y sufriente del presente su pasado como corregidor y da cuenta puntillosa de lo que le sucede como asesor letrado durante los años en que aguarda la llegada de un barco con su nombramiento. Se siente prisionero de un continente que confiesa no poder ver y en el que se percibe excedido e invisibilizado. La narración fusiona el tedio y la aventura, la debilidad y la fortaleza, el ansia y el abandono para diseminar los signos de la paradójica huella que el personaje inscribe en el mundo con la forma de la metonimia.

Las mutaciones que le acontecen en la búsqueda de una aventura erótica o de armas, que otorgue consistencia a su yo vacío, revelan un deslizamiento en el que el cuerpo registra la lucha de las fuerzas avasalladoras de lo viviente que se conjugan en él, como un río que crece y se mueve indiferente al deseo consciente, a la razón o al pensamiento narcisistas. Al igual que sucede con los peces, en el personaje de Zama se materializa una voluntad de vida, impersonal, agresiva e incontenible, que se afirma en el riesgo de perderla. Irrumpe como contrapeso horizontal de su conciencia angustiada y reflexiva y de la nadería de su yo, que necesita de la pose para con-servarse erecto, en medio de una realidad hostil e indiferente que lo acicatea una y otra vez para marcarle la carencia y negarle lo que le promete a su deseo.

En este último sentido, Zama es la aporía del hombre en tanto animal autobiográfico (Derrida, 54-69), ficción de sí del ser vivo, del animal artista, en la que se afirma como yo, dando testimonio imaginario de una forma de vida posible y construyendo un relato identitario, frágil y mutante, en el se reconocen los fragmentos dispersos de su huella como los de un cuerpo ante un espejo trizado. Entre la pose y la animalidad, Diego de Zama se abraza al destino de lo viviente que tiene la forma de la plétora y el poder pero también de la pérdida y la disolución.

Bibliografía

Burger, Peter y Christa Burger. *La desaparición del sujeto. Una historia de la subjetividad de Montaigne a Blanchot*, Madrid: Akal, 2001.

Calarco, Matthew. Zoographies. *The Question of the Animal from Heidegger to Derrida.* New York: Columbia UniversityPress, 2008.

Canetti, Elías. "El otro proceso. Las cartas de Kafka a Felice", en *La conciencia de las palabras*, México: FCE, 1981.

Cohen, Marcelo. "La escritura como filosofía", en: *Revista Otra Parte Semanal*, "Discusión", marzo 16, 2017. http://revistaotraparte.com/semanal/discusion/la-escritura-como-filosofia-a-raiz-del-articulo-de-kit-maude-sobre-la-traduccion-de-zama-al-ingles/

Cragnolini, Mónica. "Animales kafkianos: el murmullo de lo anónimo", en *Kafka: preindividual, impersonal, biopolítico*. Buenos Aires: La Cebra, 2010. 99-120.

Csordas, Thomas. "Modos somáticos de atención", en *Cuerpos plurales*, Buenos Aires: Biblos, 2011, págs. 83-104.

Derrida, Jacques. *Ese animal que luego estoy si[gui]endo*, Madrid: Editorial Trotta, 2008.

Di Benedetto, Antonio. *Zama*, Buenos Aires: Centro Editor de América Latina, 1967.

Esposito, Roberto. "Biopolítica y filosofía de lo impersonal", en: *El dispositivo persona*, Buenos Aires, Amorrortu, 2011.

Frandsen, Gabriela "El hombre y el resto de los animales", en: *Tinkuy,* N°20, Section d'Études hispaniques, Université de Montréal, 2013, p.66.

Jay, Martin. *Ojos abatidos. La denigración de la visión en el pensamiento francés del siglo XX*, Madrid: Akal, 2007.

Kohan, Alejandra y Nicolás Freibrum. "Zama. La errancia del deseo", en *Polvo*, 11 de octubre de 2017. http://www.polvo.com.ar/2017/10/zama/

Martel, Lucrecia [guion y dirección]. *Zama*, Rei Cine y Bananeira Filmes, 2017.

Miller, J. A. *La extimidad*, Buenos Aires: Paidós, 2010.

Molina, Sara Leticia. *El cuerpo y el devenir de las fuerzas en Nietzsche*, Buenos Aires: Biblos, 2017.

Piossek Prebisch, Lucía. "Pensar, sujeto, lenguaje, metafísica" en: Mónica Cragnolini y Gregorio Kaminsky (comps.). *Nietzsche actual e inactual*, vol. 2, Universidad de Buenos Aires, 2006.

Rancière, Jacques. «La imagen pensativa», en *El espectador emancipado*, Buenos Aires: Ediciones del Zorzal, 2010.

Robert Moraes, Eliane. *O corpoimpossível*, San Pablo: Iluminuras, 2016.

Romero, Laura Soledad y Rafael Arce. "Lejanos, extraños, visitantes. Los animales nietzscheanos de Antonio Di Benedetto", en: *Boletín/18 del Centro de Estudios de Teoría y Crítica Literaria*, octubre de 2017, pp. 100-114.

Sauvagnargues, Anne. *Deleuze. Del animal al arte*. Buenos Aires: Amorrortu, 2006.

Varela, Fabiana Inés. "Reino de hombres, mundo animal: presencia animal en la narrativa breve de Antonio Di Benedetto, en: *Revista de Literaturas Modernas*, Número 37, 2007, págs. 209-228

Vázquez, Débora. "Zama versus Zama. La piedad de Lucrecia Martel", en *Otra Parte Semanal*, "Discusión", 2017. http://revistaotraparte.com/semanal/discusion/zama-versus-zama-la-piedad-de-lucrecia-martel/

Yelin, Julieta. "Kafka y el ocaso de la metáfora animal. Notas sobre la voz narradora en 'Investigaciones de un perro'", en: *Anclajes*, XV, 1, Junio 2011.

Damaso Rabanal Gatica
Pontificia Universidad Católica de Chile

Denuncia política, biopoéticas y Derechos Humanos en la música reciente: variaciones musicales y corporales por la legitimación de identidades en Chile.

La persistencia hipócrita

> Por ti, por mí y todos mis compañeros,
> que ya no le compran a este sucio juego.
> Ana Tijoux 2014

Hace unos meses atrás, la tramitación llevada adelante por Ema De Ramón y Gigliola Di Giammarino para inscribir a su hijo recién nacido como hijo de ambas, ha ocupado una vez más las portadas de algunos medios de prensa que podríamos determinar como alternativos, pues los mayormente conocidos no relevaron la noticia[22]. Menciona Ema que "Pese a que Attilio ahora lleva el apellido De Ramón, yo sigo sin ser nada de él. Soy su madre, pero legalmente el Estado de Chile no le reconoce ese derecho de tener dos mamás, como le ocurre a cientos de niños de parejas del mismo sexo, quedando desprotegido" (De Ramón).

Sumado a lo anterior, la situación de Carla González Aranda, hija – mujer trans – de la mediática coordinadora del "Bus de la libertad" - estrategia mediática de organismos conservadores para detener el avance de la "ideología de género" en Chile - ingresa a nuestro cotidiano con toda su historia de construcción de identidad dispuesta públicamente a través de los medios, mientras su madre insiste en sostener la violencia histórica sobre el cuerpo y subjetividad de su hija al llamarlo 'hijo', una y otra vez, como un mantra dolorosamente extendido en el que evidencia su frustración materna, la negación consecuente respecto de su ideología y forma de com-prender el mundo,

---

[22] http://www.elmostrador.cl/braga/2017/10/03/madres-lesbianas-no-pueden-inscribir-a-su-recien-nacido-como-hijo-de-ambas-ante-registro-civil/

sin ser capaz de ver y enunciar a su hija, sin corporizar esa otra empoderada y denunciante de la violencia social frente a las personas de sexualidades no legítimas.[23]

Para el primero de los sucesos el revuelo fue menor, así como también el impacto mediático de la acción que Ema y Gigliola llevaron adelante para visibilizar su situación de maternidad actual-mente ilegítima para el estado de Chile; en lo que refiere a Carla, la situación fue desbordada, peligrosamente manejada en términos públicos, que llevaron a ponerla en un lugar donde los discursos y acciones pudieron agredirla. En ambos casos, las sujetas decidieron poner el cuerpo frente al Estado y la ciudadanía para gritar su exis-tencia, llevando adelante el aparato legal y la necesidad imperiosa de legitimación para todas las identidades, porque su voz no es el grito de las consignas en una marcha o en una mesa de diálogo o en las desprolijas sesiones del congreso donde los(as) intervinientes poco o nada saben de género, sexualidades e identidades, sino una acción política directa para interpelar la lentitud institucional en la implementación material de los Derechos Humanos en los diferentes sistemas nacionales[24].

Ema, Gigliola y Carla son, a la vez y como tantos(as-es) otros(as-es), una comunidad construida por la agresión, la impronta del conservadurismo, la ignorancia y el control, un diseño social

---

[23] http://www.emol.com/noticias/Nacional/2017/11/28/885189/Hija-de-Marcela-Aranda-Mi-motivacion-es-apoyar-a-quienes-estan-en-su-misma-situacion.html

[24] Actualmente en Chile se han aprobado iniciativas como la Ley de Identidad de Género y Acuerdo de Unión Civil. Aún se discuten los proyectos como el "Matrimonio Igualitario", en un tensado ambiente político donde la ciudadanía votante ha decidido que el actual gobierno nacional, que ingresó el 11 de marzo de 2018, corresponda a una línea política conservadora y tradicional. Otro antecedente singular es que la Comisión de Derechos Humanos del Senado de la República, mientras acontecieron algunas de estas discusiones, estuvo dirigida por la Presi-denta de la Unión Demócrata Independiente (UDI), Jacqueline Van Rysselberghe, partido político de tradición conservadora que participó apoyando la fractura democrática en 1973 a través de la instauración de la dictadura de Augusto Pinochet, teniendo como ideólogo mayor al abogado Jaime Guzmán. Este partido contribuyó con numerosas ministras a la administración dictatorial.

Mayores antecedentes son posibles de revisar en el reciente libro *El poder de la UDI* de María Olivia Monckeberg y el documental "Chicago Boys" (2015).

donde lo diverso en su amplitud máxima es constituyente de una complicación, una fuga del orden que debe ser redireccionada, sin embargo, nuestro país se encuentra en punto de difícil retorno hacia esas parcelas de control institucional, simbólico y legal. A pesar de ello se debe tener cautela y estar alerta permanentemente con respecto a esta "cueca democrática", como decía nuestro querido Pedro Lemebel respecto a la disidencia sexual, sus diálogos con las políticas públicas y los derechos ciudadanos, pues los diseños estatales no abandonan sus prácticas de control, sino que las resignifican, por eso se vuelve común la apropiación de discursos progresistas e inclusivos para incorporar en la agenda pública estos 'temas complejos'. El poder no deja de categorizar, porque si no renunciaría a controlar, algo que no está en la naturaleza de un diseño de sociedad de control. Bien lo mencionó Diamela Eltit, en el lanzamiento del libro *Dramas pobres* de la poeta travesti Claudia Rodríguez, al señalar que los Estados elaboran una retórica de la simpatía y la adscripción frente a la alteridad para incorporarla dentro de sus políticas, proponiendo y pensando que "la sigla LGBTI aparece como un nuevo mecanismo de control para comprimir y cercar aquello que parecía resbaladizo e irreductible […] La ONG internacional más perfecta o el panóptico multitudinario en la cárcel vigilada de las identidades ahora cautivas por la única sigla LGBTI que los aglutina" (Eltit).

En nuestro país, el asesinato de Daniel Zamudio y el fallo del Caso Karen Atala contra el Estado de Chile, tributos castigados de un diseño social agresor, son dos hitos que permiten instalar - respectivamente - una débil y reactiva Ley Antidiscriminación, así como también una intensa agenda relacionada con los Derechos Humanos – incluidos los Derechos Humanos de la Diversidad Sexual – luego del fallo de la Corte Interamericana.[25] Esta última agenda obliga

---

[25] Daniel Zamudio, joven golpeado en la vía pública (Parque San Borja) que posteriormente muere en la Posta Central de Santiago por efecto de la violencia ejercida sobre su cuerpo. En los testimonios, recogidos en diferentes libros, documentales y películas, se releva la crueldad de la mutilación corporal en las fracturas de sus extremidades y la esvástica diseñada sobre su pecho con un elemento cortopunzante; Karen Atala, jueza de la república que perdió la tuición de sus hijas

al Estado de Chile a la incorporación declarada y acompañada de políticas de Derechos Humanos en todas las reparticiones gubernamentales correspondientes al territorio nacional, una acción que ha avanzado lentamente debido a las múltiples discusiones y resistencias de grupos conservadores y núcleos de poder influyentes. Considero fundamentales, por ejemplo: agregar el concepto "Derechos Humanos" al Ministerio de Justicia, la Ley Antidiscriminación, el Acuerdo de Unión Civil, la Ley de Identidad de Género, las discusiones asociadas al femicidio – que debería ser, según las consideraciones de la investigadora Ainhoa Vásquez, 'Feminicidio'-, la Ley de Aborto en tres causales, el proyecto de Ley de Matrimonio Igualitario, entre otras iniciativas y discusiones actuales.

El mayor temor de los diseños sociopolíticos es que los/as sujetos/as se empoderen sobre sus construcciones identitarias, corporales y sociales, pues eso genera autonomía y la autonomía destruye el pensamiento monológico que opera sobre las representaciones tradicionalmente heredadas por generaciones en este Chile hipócrita. Por eso, entre otras variables, el arte y, para este ensayo, específicamente la música, son las zonas donde el control y el dolor golpean más intensamente. La creatividad asusta porque es un paso hacia la libertad, un concepto incompatible con la propuesta sociopolítica conservadora, capitalista y neoliberal latinoamericana y sobre todo chilena.

Lo que está pendiente desde estas iniciativas por incorporar los Derechos Humanos en nuestra cotidianidad es generar en las personas la conciencia ciudadana, actualmente anestesiada en su mayoría, para conseguir un nuevo empoderamiento colectivo y una responsabilidad participativa de cada acontecimiento nacional, una disposición política comprometida para inquietar, discutir, proponer y

---

y fue retirada del poder judicial luego dedeclararse lesbiana. El Estado de Chile apoyó la demanda de su exmarido, inhabilitándola para desarrollar labores de maternidad y cuestionando su calidad profesional. Atala demanda al Estado de Chile en la Corte Internacional y vuelve al ejercicio de su profesión meses más tarde.

construir un diseño de nación realmente representativo e identificable para la colectividad. En este sentido, la elección de Jorge Sharp[26] en la alcaldía de Valparaíso y el posicionamiento del Frente Amplio como una nueva fuerza política luego de las elecciones presidenciales y parlamentarias de noviembre de 2017, no tan solo destruyen el duopolio partidista, sino que también son una fractura de las representaciones tradicionales que articulan los imaginarios nacionales, esa costumbre tan instalada de ver y representar al otro, pues los poderes que elaboran esos sistemas de representación han pasado a un territorio de cuestionamientos.

(Bio)Poética de la denuncia

En este entramado social, de acuerdo con la generación de trayectos hacia la reactivación de la conciencia ciudadana, diferentes expresiones artísticas elaboran lenguajes múltiples para abrir las sensibilidades y consciencias cauterizadas por las hegemonías polí-ticas agresoras que han operado sobre esos cuerpos y subjetividades durante años.

Es conocido para el caso chileno en la historia reciente, que la literatura, la música y las artes visuales, por ejemplo, son una comunidad cultural que se resignifica y reelabora permanentemente y crean la vanguardia de la denuncia, para forjar un entramado discursivo, una voz polifónica, con la cual es posible nombrar lo innombrable o aquello que las políticas del olvido en la postdictadura han insistido en borronear[27]. Así lo recuerdan Nona Fernández – reciente premio

---

[26] Jorge Sharp (1985), abogado de treinta y dos años – militante del Movimiento Autonomista -, el candidato más joven de las elecciones municipales del año 2016, momento en el que alcanza la alcaldía de Valparaíso (aún vigente). Su candidatura nace desde una Primaria Ciudadana, donde la comunidad porteña se organiza autónomamente para escoger el candidato más oportuno para vencer la extensa tradición de gobiernos locales conservadores en el puerto. Es posible encontrar información más detallada en su sitio web: www.jorgesharp.cl

[27] Pienso en el concepto de comunidad desde la perspectiva de Roberto Espósito, en el entendido que es considerada como un 'ser en común', donde lo otro participa y es considerado permanentemente para la construcción y consi-deraciones del yo individual y colectivo.

Sor Juana Inés de la Cruz por su trabajo en Derechos Humanos desde la literatura – en *SpaceInvaders* y Alejandro Zambra en *Formas de volver a casa*, pues en ambas novelas los profesores o se esconden bajo la mesa al activar el trauma en su recuerdo emocional o declaran que hablar de política no es pertinente en un salón de clases, pues "aquí se viene a aprender matemáticas y no hablar de esas leseras" (Fernández: 49).

Desde la música, las acciones coexisten y confluyen en múltiples vertientes. Los trabajos de la periodista e investigadora Marisol García, en específico el de su libro *Canción Valiente*, analizan las articulaciones creativas y políticas que llevan adelante solistas y grupos musicales en la época de la dictadura; las propuestas de Manuel Maira contribuyen desde un análisis de industria discográfica a las estrategias de posicionamiento y propuestas ideológicas con las que los grupos musicales ingresan y se mueven dentro de los esce-narios culturales y políticos, agregando, además una lectura del mer-cado[28]; o más recientemente las investigaciones de Nayive Ananías o libros como *La Rueda Mágica. Manual para indisciplinados. Ensayos de música y literatura* de Rubí Carreño analizan el campo cultural y sus producciones, problematizando el lugar que poseen y/o asumen estos objetos culturales dentro del panorama creativo, social y político[29]. En palabras de Rubí Carreño: "La música ha sido una manera de democratizar la poesía, de llevarla hasta donde no se sabe o no se puede leer. Las canciones son los poemas del que 'lee' mientras tiene las manos ocupadas en el trabajo" (2).

En los últimos años, los(as) músicos chilenos continúan fortaleciendo esa comunidad denunciante y diversifican los lenguajes

---

[28] Destaco el libro *Bajen la música. El nuevo paisaje de la industria discográfica* (2014).

[29] Pienso el concepto 'biopoética' comprendido desde las producciones críticas nacionales posicionadas por Rubí Carreño en su libro *Av. Independencia. Literatura, música e ideas de Chile disidente* donde propone que las propuestas creativas de los/as autores/as elaboran un discurso que discute a la biopolítica a través de la voz y lenguaje creados. Estas creaciones constituyen un bloque, polifónico y armónico a la vez, para generar un lenguaje-vida con el cual posicionarse frente a la agresión y construir una iniciativa comunitaria de resistencia.

creados abordando temáticas contingentes e implementando recursos técnicos que actualizan la creatividad musical de acuerdo con la audiencia. De esta manera, Evelyn Cornejo nos dice que "Indios, mestizos, zambos, negros y mulatos, seguimos todos fuera del sistema / que nos margina de lo que nos queda / educación salud y nuestra hermosa tierra"; Manuel García (2010) nos advierte que "los políticos dicen que todas las piedras son del color de ellos / se sientan a mirar su piedra y nos hablan del pueblo, / del pueblo y del pueblo" mientras contemplan el pueblo haciendo poco y nada o sólo beneficiándose a sí mismos; Así también, Ana Tijoux rapea el posicionamiento de la voz americana cantando que "somos sur"; o (Me llamo) Sebastián cruza género, música y visualidad para visibilizar y problematizar sexualidades, identidades y familias.

Detrás de estas múltiples acciones, creativas y críticas, se posiciona una variable común: cada una de estas iniciativas, que parecen aisladas en sus estilos, ritmos y motivaciones estéticas, se ubican frente al poder hegemónico para entonar una canción alternativa, disidente, enérgica y empoderada para ingresar en las lógicas anestesiadas de su público y hacer germinar la crítica y participación ciudadana que el silencio de la violencia histórica ha instalado como política.

Trayectos de legitimación

(Me llamo) Sebastián, un músico joven que comienza en un circuito underground con seguidores reducidos y colectivizados a través de redes sociales, ha conseguido desplazarse considerablemente de esa vía inicial para ingresar dentro de un grupo de artistas de mayor reconocimiento público, con seguidores adolescentes y adultos jóvenes. Con evidente calidad vocal y un sentido no canónico del espectáculo, ha hecho del componente visual una de sus mayores fortalezas, poniendo en escena trabajos corporales y estéticos que rompen la armonía tradicional de objeto escenificado.

En un desafío permanente a los estereotipos, canta desde una construcción de sujeto homosexual distante del prototipo higienizado del gay: lejos de la moda, el cuerpo esbelto, lampiño o depilado, deseando masculinizar su identidad para "que no se le note" y evite todo atisbo de feminización. Así, (Me llamo) Sebastián enuncia desde un cuerpo menos legítimo dentro del panorama de categorías elaboradas por los estereotipos, sin temor a lo femenino, reivindicando los cuerpos gordos y torciendo la representación tradicional de la subcultura oso o bear - al abandonar los patrones de agresividad masculina - por una voz armónicamente suave, aunque no por eso menos enérgica. De esta manera, el cantante aporta a esta comunidad artístico-musical conformando con sus producciones un espacio de crítica a la situación social chilena contemporánea desde la disidencia corporal y sexual.

'Casado 39 o con un lugar en el centro' (2013), 'Hijxs del peligro' (2017) y 'Niños rosados, niñas azules' (2013) son canciones de distintos momentos de su producción. Las tres permiten elaborar una lectura del Chile actual desde la denuncia hacia la legitimación, un trayecto de lectura musical que, así como este trabajo, construye un camino para comprender el contexto nacional desde una pers-pectiva de Derechos Humanos con énfasis en las construcciones de familia, las representaciones tradicionales de masculinidades y la conformación de identidades actualmente no legítimas en Chile. Con relación a este escenario social, destaco la descripción que realiza José Olavarría con respecto a las tensiones cotidianas desde la situación del género en Chile, al mencionar que:

> La vida familiar, la organización del trabajo, la política sobre los cuerpos, la sub-jetividad e identidad de hombres y mujeres y la institucionalidad que se impone son objeto de disputa por parte de los actores sociales que pugnan entre sí; algunos para mantener su dominio, legitimando un orden quizá mucho más autoritario y conservador, otros/as por una sociedad que acepte y reconozca la diversidad, más justa, equitativa y

democrática. La lucha ideológica y el enfrentamiento cultural están en la discusión diaria; entre posiciones conservadoras que tratan de mantener el orden tradicional, aunque sea con otra cara, y las posiciones progresistas que fomentan el desarrollo de la ciudadanía, la participación y transparencia en un proceso democrático. (2017, 11)

'Casado 39' es una canción que dialoga directamente con la versión de un país hipócrita, dejando en evidencia los mandatos sociales de la familia tradicional y las expectativas de los diseños de masculinidad imperantes: un padre, una madre que no aparece salvo en el espacio privado y un hijo, un pater familia clásico de las versiones del capitalismo salvaje que proyecta al escenario social un constructo familiar legitimable, aceptado, compartido y que logra los estándares de éxito neoliberal para hacer uso de 'un lugar' porque "Tienes un trabajo estable / una familia que te ama / el auto que se está pagando / valores como los cristianos" (2013a). Sin embargo, no sabemos la situación emocional de ese padre porque la felicidad está en cifras e indicadores materiales donde los afectos y la subjetividad no constituyen una preocupación para avanzar hacia la conformación del sujeto.

La felicidad especular propuesta por los índices capitalistas se fractura cuando el sujeto construye su afectividad en una relación transitoria homoerótica que la voz musical elabora y presenta como una aparente versión de amor, porque "Casado 39 busca joven que le guste ser esclavo / que le digan garabatos, / y que aguante que le escupan en la cara, pero con amor, / que lo haga sin condón, pero con amor. / Y que sea discreto, que sea masculino, / y que no quiera una relación" (2013b), aunque frente a esta propuesta de construcción afectiva quien habla – más que el amor – es el deseo homosexual castrado del padre que reniega de su orientación sexual por sostener un entramado familiar aceptado socialmente y evadir de esta manera la violencia que operaría sobre él como sujeto minoritario.

Con respecto a esto último, la letra de la canción es radical al mencionar, con un ritmo diferente al resto de la canción, como si el sujeto hablara consigo mismo recriminándose: "Tienes un trabajo estable / una familia que te ama, el dividendo está al día. / El mundo nunca aceptaría un..." (2013a), siendo este último verso particularmente significativo al incorporar los tres puntos como mecanismo de desplazamiento reflexivo frente a lo que se canta y lo que se cuenta. Los tres puntos son la vía para completar el sentido, ese vacío de interpretación, siempre presente, pues al decir "El mundo nunca aceptaría un ..."(2013a) deja activada la incertidumbre para completar la idea con una palabra incógnita que se revelará como significante principal al terminar la canción, pues se menciona que "A la vuelta / ve a dos hombres que caminan de la mano / y desde el auto grita / maricón" (2013a), en un acto de afirmación de su propuesta de masculinidad, porque lo que el mundo nunca aceptaría es precisamente que sea maricón.

Volviendo a Olavarría, es necesario considerar la dinámica de los mandatos de la masculinidad que insisten en persistir dentro de la sociedad chilena, e incluso latinoamericana:

> Así, los varones para "hacerse hombres" tienen que someterse a una ortopedia; deben superar ciertas pruebas: conocer el esfuerzo, la frustración, el dolor; haber conquistado y penetrado mujeres; hacer uso de la fuerza cuando estimen que es necesario; actuar valientemente en situaciones que así lo requieren y que los/as otros/as puedan constatar de alguna manera; trabajar remuneradamente; ser padres/tener hijos/s. Como fruto de lo anterior, podrán ser aceptados como hombres por los otros varones que

"ya lo son", y ser reconocidos como hombres por las mujeres. (23)

Frente a este escenario social de intensa y naturalizada agresión autónoma y colectiva, (Me llamo) Sebastián canta una voz de alerta por la violencia deliberada que es propuesta en diferentes contextos como el camino de retorno al dominio utilitario y el control social.

'Hijxs del peligro' es la canción que hace estallar toda hipocresía nacional. En ella, a diferencia del padre que oculta sus pulsiones homoeróticas, el panorama es más libre, desprejuiciado, fundamentalmente porque el contexto es un espacio supuestamente seguro. Los sujetos no temen proyectar sus orientaciones sexuales y expresiones de género porque coexisten y conviven en un lugar fraterno "donde no se juzga lo bueno, lo malo, ni la libertad".

'Hijxs del peligro' es la canción de denuncia latente y evidente de cara a las prácticas agresivas del contexto. Una canción-memoria por tantos muertos, un correlato chileno compartido por una tragedia norteamericana de asesinatos masivos y crímenes de odio en una discoteque y también una actualización musical, local y capitalina para recordar, por ejemplo, "la música y las luces nunca se apagaron", ese bello y angustiante relato narrado por Pedro Lemebel con respecto a la discoteque *Divine*, pero que en la canción de (Me llamo) Sebastián se llama *Bal-Educ*. Así, más allá de las fronteras y posiciones geográficas, Santiago, Valparaíso y Orlando (Florida), construyen una realidad común en que los sujetos se preguntan: "Y si lo llevas en tus venas ¿qué puedes cambiar? / Y si me llega justo esa flecha ¿qué puedo esperar? / más que una canción de amor".

Amor que es intervenido por la violencia desatada, pues la pareja de enamorados que guía la historia se disuelve cuando uno de ellos, luego de besarlo, saca un arma para disparar a su supuesto enamorado y otras personas que comparten la noche capitalina.

(Me llamo) Sebastián declara que todos somos hijxs del peligro y potenciales estrellas de un escenario social funerario, pues existen las leyes que favorecen la legitimación de alteridades, el otro fraterno que soy yo mismo, sin embargo, la incorporación de esa lógica de Derechos Humanos en la consciencia ciudadana es más bien remota y de lenta apropiación, aunque la invitación es clara: "somos hijxs del peligro / nunca nos van a callar".

Aun cuando pareciera que estas canciones elaboran una crónica roja de la violencia sobre subjetividades disidentes o "sexualidades problemáticas", como diría Javier Guerrero,[30] desde la denuncia en 'Casado 39' y la manifestación agresiva de la situación contextual en 'Hijxs del peligro', la canción 'Niños rosados, niñas azules' propone una visibilización legítima de identidades trans y delinea el paso siguiente en la aprobación de leyes conducentes a derechos ciudadanos y humanos efectivos: la Ley de Identidad de Género.

Esta canción se presenta desde dos relatos que conviven hermanados y se tensionan permanentemente a través de un adolescente: el influjo identitario heredado de los padres y los deseos y propuestas individuales para su construcción de género que entran en conflicto con los mandatos familiares al mencionar que "mi papá me metió a karate / y me llevaba a fútbol los martes / y me compró canilleras y guantes / yo le pegaba stickers brillantes. / Era entretenido igual / pero yo extrañaba mi barbie" (2013b).

Sin embargo, es la expresión "si hay montones de colores, por qué sólo dos combinaciones" (2013b) la que contiene mayor intensidad interpretativa, pues declara metafóricamente el empoderamiento del sujeto sobre su cuerpo, su construcción identitaria, la pro-

---

[30] Refiero al libro *Tecnologías del cuerpo. Exhibicionismo y sexualidad en América Latina* de Javier Guerrero.Para una aproximación a la lectura, es posible leer la reseña de Dámaso Rabanal Gatica. "Escribir con el cuerpo: el discurso visible de las sexualidades" publicada en la *Revista Aisthesis* N°58, del Instituto de Estética de la Pontificia Universidad Católica de Chile.
https://scielo.cnicyt.cl/scielo.php?pid=S071871812015000200015&script=sci_arttext&tlng=pt

puesta de autonomía subjetiva, e incluso, al mencionar "puedo portarme como Superman / y otro día en la noche / soy Gatúbela y me voy a ronronear" (2013b), se posiciona en un territorio en que la identidad transita, una base butleriana para pensar el género desde la desclasificación y desplazamiento por distintas orientaciones que permitan al sujeto pensar sus vías de felicidad desde una construcción identitaria que lo satisfaga.

Variaciones identitarias o el cuerpo en escena

Donde nos disparen floreceremos
(Me llamo) Sebastián

La propuesta musical de (Me llamo) Sebastián se escenifica no solamente a través de la música pop que devanea entre valles calmos de musicalidad e intensidades frenéticas fracturados. Este lenguaje musical opera como uno de los ejes de la construcción enunciativa del desacuerdo y la crítica frente a la violencia. Así, las letras melodiosas y los quiebres abruptos son la voz – distorsionada para la tradición - de cuerpos e identidades otras que se abren paso en el clasificatorio mundo de los estilos y ritmos que, a la vez, son el correlato de las fracturas que la música y la representación propuesta por el cantante interrumpen e irrumpen en el ordenado diseño social. La voz otra abre paso para construir una enunciación que sea legítima para los sujetos minorizados. El punto que se suelta del imbunche de esos cuerpos y subjetividades alternativas por donde el lenguaje se fuga para desestabilizar y elaborar un cuerpo individual y colectivo que se ha insistido en segregar.

Mientras la voz corporiza esos sujetos otros, el cuerpo escenificado en los videoclips del cancionero de (Me llamo) Sebastián refuerza la necesaria legitimación por medio de otros pliegues que tensionan las representaciones. En este sentido, mientras en 'Vogue' de Madonna, 'Lady Mermelade' de Cristina Aguilera o 'Pose' de DaddyYankee las siluetas en escena estereotipan un discurso de belleza favorecedor del mercado de los cuerpos que permite decir "Voulezvouscoucheravecmoi ce soir" o "Modélame así, dame tu mejor pose [porque ella] se ve como Tyra Banks", en (Me llamo) Sebastián se quiebra esa relación deseo-belleza-mercado para poner en el escenario a otros cuerpos que parecieran ser menos tasados en las galerías anatómicas de los estereotipos. La voz y los cuerpos otros construyen un nuevo acorde identitario desde esa aparente desafinación del sistema.

En este sentido, las articulaciones y tejidos del lenguaje audiovisual permiten que la propuesta creativa del cantante diseñe y visibilice identidades alternativas que tensionan el catálogo de cuer-pos y subjetividades aceptadas, proponiendo pliegues en la construcción y comprensión tradicional del género.

El videoclip de la canción 'Hijxs del peligro' realiza una propuesta creativa y crítica posible de relevar desde dos aspectos: las tonalidades rojas y azules como lugar de discusión de la tradición binaria y la intervención del sujeto transformista en la propuesta audiovisual. En ambas consideraciones complementadas se pretende fortalecer la discusión por legitimar sujetos minoritarios dentro del diseño social.

En esta canción los colores con los que se construye el aparato visual son el azul y el rojo. Los espacios y sujetos protagonistas y acompañantes son identificados por medio de estas paletas cromáticas con las que crean su escena cotidiana, lo visten y lo viven mientras se desplazan por la ciudad en el día, dialogando con lo público desde esa polarización, pues corresponden a la forma visual clasificatoria binaria que la propuesta creativa del cantante pretende torcer. La vida pública se tiñe y tiñe a la ciudadanía en dos tonos con los cuales estandariza las formas de "ser en común" (Espósito).

Sin embargo, la bohemia mezcla las tonalidades en la pista de baile donde los cuerpos se pintan de colores tornasolados por las luces de la discoteca. En esta mixtura se provoca el borramiento de los binarismos de género, dejando las construcciones identitarias libres y transitorias para percibirse, sentir, desear y expresar distantes del marco regulatorio de los sujetos. En una extraña paradoja, el espacio cerrado se sitúa como un territorio de autonomía.

Pareciera que la propuesta creativa en esta canción se posiciona en los umbrales de la legitimación del otro más allá de su construcción genérica, pero existe una voz de alerta en esta canción y se relaciona con la insistencia de la hegemonía por promover, man-tener y heredar las zonas de control clásicas para cuerpos y subjetividades.

En un gesto visual enérgico que centra la atención del espectador, la pista de baile se torna nuevamente azul. Un color en el discurso, en la lógica, un diseño de poder. Y mientras los protagonistas del videoclip parecieran elaborar un potencial enlace amoroso, el sujeto azul desata la violencia a través de un disparo sobre quien sería su conquista. Ahora la sangre del joven y los demás abatidos permite que vuelva a aparecer en escena el color rojo frente al azul para reposicionar el sentido binario como manifestación de la maquinaria de agresión, declarando y manteniendo la clasificatoria tradicional que subalterniza sujetos o incluso los ubica como prescindibles. De fondo en esta imagen se escucha el verso "somos hijxs del peligro" que da título a la canción.

En este panorama por construir sentido priorizando las tonalidades es particularmente interesante reparar en el hecho de que la canción 'Hijxs del peligro' incorpora a un transformista. Sobre el cuerpo travestido la influencia de los colores rojo y azul – binarios como decíamos previamente – se amalgaman. El transformista es en la escena quien unifica la voz y los cuerpos alternativos para cantar la necesidad de legitimación de sujetos minoritarios.

El cantante no aparece en el video y su participación – más allá de la voz – se reduce a una imagen que sostiene el sujeto travestido en sus manos. Esa imagen, que además es una caricatura del cantante diseñada en estilo afiche, tiene un hueco en la boca donde los labios pintados del sujeto en escena cantan. Es decir, (Me llamo) Sebastián se desplaza y corporiza en un nuevo cuerpo que no es originalmente el suyo, sin ventriloquía.

Este ejercicio de desplazamiento desde lo visual opera como estrategia discursiva para comprender la cosmética del cuerpo, la significación política del mismo en esa operatoria de desplazamiento y la transitoriedad del género[31]. El "oso cantante" (Me llamo) Sebastián es ahora un sujeto travestido que interpreta el estribillo de la canción: "Si algo se tiene que acabar / que seas tú, adentro mío / no me imagino otra gema / que le haga el peso al metal" (2017).

Esta disposición de denuncia también es presentada en la producción del videoclip de la canción "Niños rosados, niñas azules", con la distinción que esta vez el tema troncal de la propuesta está en la transexualidad y más específicamente en les niñes trans. Políticamente, esta canción funciona como un puente de empoderamiento para una situación sociopolítica que en Chile es particularmente discutida, pues las consideraciones conservadoras tensionan profusamente la legitimidad de la transexualidad. Incluso, es posible mencionar que la homosexualidad – desde la óptica masculina del gay blanco higienizado y canjeable en el mercado de los cuerpos - se ubica en una posición más ventajosa.

En este contexto, sumamos a la discusión la variable 'clase social' dentro de las formas de comprender las políticas de las identidades, pues dentro de la conocida y controversial "diversidad sexual", los estereotipos son signados social y masivamente como legítimos de acuerdo con la rentabilidad y la belleza colonizadora del cuerpo atlético y productivo. En este panorama de 'lo diverso', la transexualidad es un sujeto extraño, de acuerdo con la complejidad de su clasificación para la sociedad de control.

---

[31] Fundamental es la disposición crítica inicial de Alicia Montes en su libro *De los cuerpos travestis a los cuerpos zombies* en el entendido que "el cuerpo ha sido históricamente construido, sobre todo a partir de la modernidad, como una materialidad dual, ambivalente y evasiva que, en su carnalidad opaca, puede ser leída como figura en la que se cifra el presente y el futuro" (14). En este sentido, el posicionamiento creativo de (Me llamo) Sebastián se ubica en la fractura de la construcción binaria y crea desde ese espacio una resignificación posible para discutir las lógicas de diseño identitario, permitiendo crear un territorio para las otredades desplazadas en el espacio social convencional.

En la canción "Niños rosados, niñas azules", el videoclip comienza con un fragmento de película de cowboy, donde una diligencia va hacia atrás en un gesto simbólico de regreso al origen o, dicho de otra manera, de regresar a la infancia, comunicándose con los versos "Como a los diez / yo me arrancaba / con la muñeca / de la Natalia" (2013b), dirigiendo al espectador a pensar en el pasado y en su propia construcción de infancia.

Esa apelación por mirar hacia atrás dialoga con la primera imagen del cantante en el producto audiovisual de esta canción – como protagónico. En ella aparece el rostro de (Me llamo) Sebastián siendo decorado con mostacillas brillantes. De esta manera, el lugar hacia el que nos lleva la canción corresponde al diseño de una identidad desde la infancia donde el sujeto-niño es consciente de su sexualidad otra.

El ejercicio cosmético de maquillar el rostro del cantante con brillo, es la declaración de principios de la propuesta artística que se posiciona desde las identidades no binarias. Es en este lugar que – desde lo creativo – se genera la crítica para discutir las prácticas naturalizadas de violencia clasificatoria, elaboradas por la tradición heteronormativa, que posteriormente son descritas en la canción. Si en 'Hijxs del peligro' (Me llamo) Sebastián desplaza su subjetividad hacia un cuerpo/sujeto otro travestido, en "niños rosados, niñas azules" es él quien se escenifica discursivamente como sujeto, en este caso, transexual.

Mujeres embarazadas con bigotes delineados, rostros tapados por medias sobre los que se dibujan rasgos andróginos que impiden la clasificación de los sujetos y adolescentes que se apropian del espacio público para bailar coreografías frente a las vitrinas y ventanales de los edificios del centro de Santiago[32], aparecen para discutir los

---

[32] Las filmaciones del espacio público que menciono corresponden a las mediaciones del Parque San Borja, un lugar familiar y de reuniones públicas donde se atacó a Daniel Zamudio quien, producto de las lesiones de aquella noche, falleció en la Posta Central de Santiago. Evidentemente, la elección de este espacio no es casual, si no una forma de revisitar y reactivar la memoria frente a un crimen de odio.

patrones tradicionales de categorización genérica en las construcciones de género y se posicionan frente a fragmentos de la película *Ben-Hur* y *Barbies* que son incendiadas. En estas acciones se persigue la finitud del estereotipo y la instalación visible en el espacio público de las sexualidades ilegítimas para decir "si hay montones de colores, / por qué sólo dos combinaciones" (2013b).

Espacios públicos y espacios privados; colores azules y rojos o azules y rosados para problematizar la impronta violenta de la tradición binaria que diseña e influye agresivamente sobre cuerpos y subjetividades; la infancia, la adolescencia y los inicios de la adultez como los territorios de resistencia y donde se sitúa la confianza por el cambio de mentalidades, son los lugares que considera (Me llamo) Sebastián para elaborar su propuesta artística que, además, se cruza con el componente autobiográfico de lo que podríamos llamar una creación por militancia o pertenencia a los grupos humanos minorizados.

En este sentido, es prioritario destacar que (Me llamo) Sebastián es parte de una serie iniciativas culturales posibles de interpretar como una búsqueda de la legitimación de subjetividades discutidas por el conservadurismo tradicional. De esta manera, los documentales *Niños rosados, niñas azules* de José Retamal y la Fundación TRANSITAR o *Claudia tocada por la luna* de Francisco Aguilar; la canción *María* de Manuel García o la reciente película *Una mujer fantástica* de Sebastián Lelio, ganadora de un Premio Óscar como Mejor Película Extranjera, han permitido visibilizar una discusión por la necesidad de legitimar estas identidades en lasociedad chilena con la aprobación de la Ley de Identidad de Género que se discute en el Congreso Nacional.

A liberar o todo menos una conclusión

En definitiva, esta propuesta de lectura e investigación ingresa al cancionero actual chileno, en específico las producciones musicales del cantante (Me llamo) Sebastián, para evidenciar que sus canciones proponen miradas críticas y de denuncia ciudadana sobre algunos rasgos constitutivos de la sociedad chilena postdictatorial que favorecen la agresión sistémica y sistemática de los sujetos, así como la mantención anquilosada de representaciones sociales que promueven la anulación de toda diversidad y consciencia crítica de la ciudadanía.

En este escenario de anulación de derechos, la voz polifónica del cantante visibiliza y tensiona las nociones tradicionales del imaginario social, para fracturar y ampliar el catálogo de represen-taciones, proponiendo incluso la desclasificación del género[33]. Asimismo, desde la construcción de familias diversas y el empoderamiento sobre sus identidades y sexualidades alternativas, las sexualidades otras se posicionan como subjetividades legítimas que se ubican frente y dentro de un espacio agresor donde intentan coexistir y elaboran lenguajes para resistir e insistir en que son constituyentes de derecho en un territorio político nacional donde la existencia es cuestionada, invisibilizada, o simplemente inexistente.

Música y política, esa relación siempre permanente para enunciar lo que se castiga en el día a día, aparecen nuevamente en el campo cultural e intervienen para conseguir la anulación de la consciencia anestesiada de la ciudadanía y crear un lenguaje que di-seña voces y territorios corporales de denuncia. Un nuevo posicionamiento político de la cultura para abrir caminos de legitimación en que todos y todas podamos "Caminar seguro, libre, sin temor. Respirar y sacar la voz" como dice Ana Tijoux (2011), formando – por Ema, Gigliola, Carla, Daniel, Karen y tantos compañeros y compañeras anónimos, por ti y por mí - una voz colectiva, comunitaria, donde el otro, que también es uno, tenga un lugar para que podamos construir juntos el país que queremos.

---

[33] Pienso la desclasificación desde los postulados de Judith Butler en su libro *Deshacer el género*.

Bibliografía

Aguilar, Francisco. *Claudia tocada por la luna* [Documental]. Santiago: Travesía Producciones, 2018.

Ananías, Nayive. "Lenguajes y prácticas corporales de resistencia en videoclips de cantantes sexodisidentes chilenos", en *Al sur de todo Revista multidisciplinaria de estudios de género* N°12, 2018, pp. 6-21.

Butler, Judith. *Deshacer el género*. Barcelona: Paidos, 2006.

Carreño, Rubí. *Av. Independencia. Literatura, música e ideas de Chile disidente*. Santiago: Cuarto Propio, 2013.

Carreño, Rubí. (edit.). *La rueda mágica. Ensayos de música y literatura. Manual para (in)disciplinados*. Santiago: Ediciones Universidad Alberto Hurtado, 2017.

Cornejo, Evelyn. "América sí". En *Evelyn Cornejo* [CD]. Santiago: Sello Azul, 2011.

Eltit, Diamela. "Enfermarme de rabia: una crítica a Dramas Pobres de Claudia Rodríguez". En *El Desconcierto*, 2017.
En línea: http://www.eldesconcierto.cl/2017/03/29/enfermarme-de-rabia-una-critica-a-dramas-pobres-de-claudia-rodriguez/

El Mostrador. "Madres lesbianas no pueden inscribir a su recién nacido como hijo de ambas ante Registro Civil". 2017.
http://www.elmostrador.cl/braga/2017/10/03/madres-lesbianas-no-pueden-inscribir-a-su-recien-nacido-como-hijo-de-ambas-ante-registro-civil/

Emol. "Hija de Marcela Aranda confirma transexualidad: "Mi motivación es apoyar a quienes están en la misma situación". 2017.
http://www.emol.com/noticias/Nacional/2017/11/28/885189/Hija-de-Marcela-Aranda-Mi-motivacion-es-apoyar-a-quienes-estan-en-su-misma-situacion.html

Espósito, Roberto. *Communitas. Origen y destino de la comunidad*. Buenos Aires: Amorrortu, 2003.

Fernández, Nona. *SpaceInvaders*. Santiago: Alquimia, 2013.

Fuentes, Carola y Valdeavellano, Rafael. *Chicago Boys*. Santiago: La ventana cine, 2015.

García, Manuel. "Piedra negra". En *S/T* [CD]. Santiago: Oveja Negra, 2010.

---. "María". En *Retrato Iluminado* [CD]. Santiago: Chilevisión, 2010.

García, Marisol. *Canción Valiente. 1960-1989. Tres décadas de canto social y político en Chile*. Santiago: Ediciones B, 2013.

Guerrero, Javier. *Tecnologías del cuerpo. Exhibicionismo y visualidad en América Latina*. Madrid/Frankfurt: Iberoamericana/Vervuert, 2014.

Kosofsky, Eve. *Epistemología del armario*. Barcelona: Ediciones de la Tempestad, 1998.

Lelio, Sebastián. *Una mujer fantástica* [Película]. Santiago: Fábula/Komplizenfilm/Setembro Cine. 2017.

Lemebel, Pedro. "Manifiesto". En *Loco afán. Crónicas de sidario*. Santiago: LOM, 1996.

Maira, Manuel. *Bajen la música. El nuevo paisaje de la industria discográfica*. Santiago: Ediciones B, 2014.

(Me llamo) Sebastián. "Con un lugar en el centro o Casado 39". En *Hambre* [CD]. Santiago: Independiente, 2013a. https://www.youtube.com/watch?v=P-SMtqTgJQM

---. "Niños rosados, niñas azules". En *Hambre* [CD]. Santiago: Independiente, 2013b. https://www.youtube.com/watch?v=xRZpZmlME5c

---. "Hijos del peligro". En *La sombra* [CD]. Santiago: KMK Estudios, 2017. https://www.youtube.com/watch?v=xly0LiS-mdo

Monckeberg, María Olivia. *El poder de la UDI*. Santiago: Random House, 2017.

Montes, Alicia. *De los cuerpos travestis a los cuerpos zombies*. California: Argus-a, 2017.

Olavarría, José. *Sobre hombres y masculinidades: "ponerse los pantalones".* Santiago: Ediciones Universidad Academia de Humanismo Cristiano, 2017.

Rabanal, Dámaso. "Escribir con el cuerpo: el discurso visible de las sexualidades". En *Revista Aisthesis* N°58. Santiago: Pontificia Universidad Católica de Chile, 2015.
https://scielo.conicyt.cl/scielo.php?pid=S0718-71812015000200015&script
=sci_arttext&tlng=pt

Retamal, José. *Niños rosados, niñas azules* [Documental]. Santiago: Estimados Producciones, 2015.

Rodríguez, Claudia. *Dramas pobres.* Santiago: Ediciones del Intersticio, 2016.

Tijoux, Ana. "Sacar la voz". En *La bala* [CD]. Santiago: Oveja Negra, 2011.

--- . "Los peces gordos no pueden volar". En *Vengo* [CD]. Santiago: La makinita, 2014.

Vásquez, Ainhoa. *Feminicidio en Chile. Una realidad ficcionada.* Santiago: Cuarto Propio, 2015.

Zambra, Alejandro. *Formas de volver a casa.* Barcelona: Anagrama, 2011.

Julieta Sbdar Kaplan
Universidad de Buenos Aires

La flecha del corazón: hacia una poética de los cuerpos eróticos

> Le poétique, disons-le, serait ce que tu désires apprendre, mais de l'autre, grâce à l'autre et sous dictée, par coeur: *imparare a memoria*.[34]
> Derrida, J. *Che cos'è la poesia?*

1. La supervivencia poética del Eros

La declaración de amor está afuera de la sintaxis. *Leo ese pasaje sentada en el último asiento solitario del colectivo. En un principio no hay nadie, solo el chofer y yo, avanzando bajo la luz del mediodía. A los costados se suceden tantas imágenes que no hay tiempo para apreciarlas. Veo fragmentos de corpiños abultados, un hombre y una mujer de cera a punto de besarse, creo leer una frase sobre el encuentro, pero se me escapa el final. Frenamos en un semáforo y levanto la vista. Unos chicos les piden a los conductores unas monedas a cambio de limpiar los vidrios de sus autos. Entonces uno de ellos se acerca a mi ventanilla, vuelvo al libro:* la declaración de amor no exige ninguna respuesta. *Carga el limpiavidrios, paso la página, apoya la goma espuma en la ventana, levanto la vista y lo veo: un corazón cargado de agua y detergente. El colectivo avanza y lo que queda se desvanece. El jabón se desliza hacia abajo y el viento seca los rastros del dibujo.*

1.1. *Una superficie desprovista de corazón: el ocaso de la experiencia amorosa*

En uno de los poemas en prosa que componen *Podría llevar cierto tiempo* de Clara Muschietti, el yo poético recuerda el intento infantil frustrado de rastrear el corazón de un oso de peluche. Una vez abierto con una trincheta, el muñeco revela su interior artificial: "le hice un tajo profundo en el pecho mullido. Tenía un montón de algo que

---

[34] "Lo poético, digámoslo, sería eso que deseas aprender, pero de lo otro, gracias a lo otro y bajo su dictado, con el corazón [*par coeur*, de memoria]: *imparare a memoria*".

parecía algodón, pero más resistente. No tenía ni una sola cosa que pareciera humana" (Muschietti 32). La niña busca en el cuerpo del muñeco una prueba de su alteridad, lo dota de un corazón imaginario, pero se topa con un interior inorgánico que en nada se parece a su concepción del amor. Allí donde intenta hacer converger el deseo amoroso con la carne, no encuentra más que separación.

En esta duplicidad se encuentra también el enamorado encarnado por Barthes al contemplar el cuerpo del otro: "por un lado, su cuerpo mullido, tibio, justamente suave, afelpado, jugando con la timidez y, por el otro, la constatación empírica, fría y cruda, de su voz [...] sonora, bien formada, mundana, etc." (Barthes 90). Cuando el sujeto, de la misma manera que la medicina moderna, para Foucault, explora el cuerpo del otro como si se tratase de un expediente o un campo de investigación, es decir, cuanto intenta encontrar un motivo orgánico para el deseo erótico, la potencialidad amorosa caduca. El escrutinio, límite indiscutible del discurso amoroso, *porcelaniza* el cuerpo amado y lo expulsa del plano de lo imaginario. La niña, encandilada por su oso de peluche, lo desarma como un cirujano o un técnico que desmonta un artefacto y el cuerpo deseado deviene objeto, felpa, relleno. Una superficie desprovista de corazón.

*

La experiencia erótica supone una salida de la esfera individual y discontinua para adentrarse en un sentimiento de continuidad (Bataille), reconcilia al enamorado con el mundo (Barthes) y supone una experiencia auténtica de la alteridad (Badiou). El pasaje del reino afirmativo del *yo* hacia el encuentro con un Otro implica la ruptura, en el plano de la fantasía, con la individualidad discontinua a la que el sujeto está permanentemente confinado. Es justamente la aniquilación de la alteridad lo que configura, en la contemporaneidad, un terreno de consenso teórico en torno al ocaso de la experiencia erótica señalada, en una época eminentemente narcisista, como pura pérdida, desgarramiento improductivo o continuidad temida por aquellos discursos que sentencian su fin.

A esta agonía del Eros se refiere Byung-Chul Han en su texto homónimo: en un tiempo abocado a la reproducción de la mismidad, en el "infierno de lo igual" (Han 10) dominado por un consumo que anula la diferencia, la experiencia erótica se postula como mera imposibilidad o como estallido que rompe los límites del sujeto. Así como, escrutado por el enamorado, el cuerpo del amado se fetichiza, el cuerpo pornográfico, el rostro inexpresivo amplificado y la desnudez capturada por las cámaras de alta definición obturan la experiencia amorosa en la medida en que, allí donde *dan todo a ver*, no hay imaginario posible que contenga el deseo. Al mismo tiempo que ope-ra, mediante la tecnología y el consumo, *vitrificando* el cuerpo del otro, la sociedad del rendimiento circunscribe el amor a un dispositivo securitario montado por la publicidad. El amor, señala Badiou, no es tal sin riesgo –como propone un portal de citas que reza "¡usted puede perfectamente enamorarse sin sufrir!"- (Badiou 15), ni tampoco sin encuentro –"deslizar la pantalla puede cambiar tu vida"[35], decreta el slogan de *Tinder*-. Heredero de la transgresión erótica planteada por Bataille, el amor sometido a las leyes del riesgo deviene la única salida posible del narcisismo capitalista.

Leída de este modo, la contemporaneidad da vuelta la lógica socrática de la ostra tal como la recuerda Onfray. Desde la concepción platónica, el sujeto está encadenado a su cuerpo de la misma manera en que la ostra lo está a su concha, es decir que el exterior repugnante –el cuerpo, la carne, la materia- esconde una riqueza interior, una "delicia gastronómica" encarnada, en la cultura occidental, por la figura del alma o del espíritu (Onfray 52). En nuestro presente, la *mera vida* expuesta por la pornografía, la publicidad y la tecnología pasa a primer plano no ya como resto abyecto que esconde una riqueza interior, sino como mercancía al servicio de la sociedad del rendimiento, como objeto que "huye a la negatividad de la muerte" (Han 41). Pero, en última instancia, esta inversión que expone la carne sin transgredir ninguna norma mantiene la cesura, el dualismo platónico

---

[35] "Any swipe can change your life" (traducción para el presente trabajo).

"que opone irreductiblemente el cuerpo y el alma o, como dirían los cristianos, la carne y el espíritu" (Onfray 51).

*

Ahora bien, mientras que el amor, observado desde una teoría que decreta su ocaso, parece desvanecerse, éste se filtra en ciertas textualidades que operan en las grietas de un empirismo deserotizado para extraer al sujeto de su mismidad. La poesía, forma suprema del erotismo, también implica una salida de la individualidad: "la poesía lleva al mismo punto que todas las formas del erotismo. Nos conduce hacia la eternidad, hacia la muerte y, por medio de la muerte, a la continuidad" (Bataille 18). Frente a la profanación de lo erótico puesta en evidencia por la *mera vida* de los cuerpos pornográficos y la concepción securitaria del amor, la poesía inscribe en su forma textual un erotismo a contrapelo de la hipervisibilidad. Cuerpos fragmentados, amores infantiles despojados del imperativo narcisista, encuentros urbanos fugaces que desdibujan la reproducción de la mismidad, interlocutores difusos, relaciones sexuales extáticas y frustradas y declaraciones de amor ponen en circulación, en el corpus poético, otros atópicos y fantasías que circulan en la superficie de lo imaginario. Me propongo reflexionar sobre los modos en que los poemas de Clara Muschietti y Cecilia Pavón ponen en tensión la división occidental entre cuerpo deseante y amor platónico (Onfray) o entre cuerpo mullido y cuerpo áspero (Barthes, Muschietti) y configuran, a través de la *versura* (Agamben 251), un deseo erótico que se resiste a los imperativos narcisistas de la sociedad del rendimiento.

1.2. *El cuerpo erótico del poema*

"Todos sentimos lo que es la poesía. Nos funda. Pero no sabemos hablar de ella" (Bataille 29). Sentido por hacer o pura nega-tividad (Nancy), ratio entre significado y significante (Eagleton), tensión entre semiótica y semántica (Agamben): la poesía, en la medida en que escapa a las definiciones lingüísticas, se inscribe a cada paso en la escisión disonante, en la hiancia o en el vacío que se abre entre los elementos que articulan la lengua. Es justamente por su carácter indecible, por su experiencia de la muerte, que el cuerpo mismo del poema puede leerse como un cuerpo erótico, como la prueba textual de "la aprobación de la vida hasta en la muerte" (Bataille 15).

Si el encabalgamiento es aquello que distingue a la poesía de la prosa, tal como propone Agamben, es porque marca la disonancia entre el límite métrico y el límite sintáctico. El verso se define de este modo como una unidad disyuntiva que no traduce la oposición intrínseca de la lengua, sino que la torna posible en una tensión conflictiva (Agamben 250). Esta escisión entre la discontinuidad métrica y la continuidad sintáctica, reunidas bajo la figura del enca-balgamiento –y, en efecto, del poema-, puede leerse en consonancia con la disyunción entre la discontinuidad y la continuidad de los seres que entran en tensión en la figura del erotismo:

> Somos seres discontinuos, individuos que mueren aisladamente en una aventura ininteligible; pero nos queda la nostalgia de la continuidad perdida. Nos resulta difícil soportar la situación que nos deja clavados en una individualidad fruto del azar, en la individualidad perecedera que somos. A la vez que tenemos un deseo angustioso de que dure para siempre eso que es perecedero, nos obsesiona la continuidad primera, aquella que nos vincula al ser de un modo general […] Pero esa nostalgia gobierna y ordena, en todos los hombres, las tres formas del erotismo (Bataille 20).

En el poema, la nostalgia por la continuidad perdida se inscribe en una sintaxis que resiste a la ruptura discontinua de cada verso. Así lo demuestra el poema "El eclipse" de Laura Wittner. Para referir una separación amorosa, el texto opera separando prosodia de semántica y métrica de sintaxis:

> Tras las separaciones recomienza
> la percepción desnuda. La inmersión
> en el detalle. La pausa
> en lo alto entre mástiles que tiemblan
> entrechocándose en un embarcadero
> componiendo sonidos a timbrazos
> presentes, no presentes, muy agudos
> ahora, y ahora más bien rasposos
> que no se sabe si rozan el cielo
> si el cielo los roza o nada que ver,
> ni que escuchar, ni nadie a quien volver
> entonces no hay apuro: no hace falta
> fijarse en una conclusión (Wittner 206).

Observemos los primeros tres versos del poema. Si atendemos al significado, está claro que se trata de una ruptura amorosa tras la cual el yo poético renueva su percepción individual sobre el mundo. Ahora bien, si nos detenemos en el principio del encabalgamiento, esta individuación propia de la separación amorosa deviene problemática. Lo que se lee en el primer verso no es ya una culminación sino la repetición de un comienzo –el verbo "recomienza" cierra la primera unidad métrica–. En el segundo, puesto que la pausa prosódica es más determinante que el punto ortográfico, no se trata de la singularización de la percepción individual (*la percepción desnuda*, despojada de la alteridad) sino de una percepción que desnuda la inmersión, es decir, sumerge al sujeto en una continuidad. En efecto, lo que se evidencia en estos primeros versos del poema es que aquello que la continuidad sintáctica separa –al *yo* del otro tras una ruptura– la discontinuidad métrica une –la separación no culmina con un proceso sino que inicia otro y el sujeto se zambulle en un más allá de sí. El verso, lejos de acompañar el retorno de la voz a su propia individualidad, propone una salida a la individuación y el poema deviene, como el cuerpo erótico, un "ser que se erige en este cisma" (Agamben 250).

Hacia el final del poema, señala Agamben, la demora producida por el encabalgamiento se detiene. El último verso –la *versura*, del término latino que indica "el punto en que el arado llega al final del surco y da la vuelta" (Agamben 252)-, niega, a primera vista, la escisión que define la intensidad poética. Pero el final, señala Agamben, no hace coincidir el sonido con el sentido sino que devuelve a cada uno a su estatuto discontinuo: "La doble intensidad que anima la lengua no se aplaca en una comprensión última, sino que se precipita, por así decir, en el silencio de una caída sin fin" (Agamben 258). Esa caída en la que se sumerge el poema –recordemos que, para Badiou, no hay amor sin *caída*[36]- no puede sino ser la muerte, es decir, el pasaje a la continuidad que da forma al erotismo.

En el poema de Wittner, el cuerpo del yo poético oscila entre una percepción aguda del entorno –la observación atenta de los dos mástiles que, como seres discontinuos, chocan entre sí- y la ausencia de percepción –no ve, no escucha-. El final del poema, "entonces no hay apuro: no hace falta / fijarse en una conclusión", sugiere que la soledad discontinua propia de la separación se configura como una posibilidad de postergar el final, de mantener en suspenso la inclinación del yo poético por el sentido o el sonido. Sin embargo, la conclusión, que el penúltimo verso pretende evitar, aparece paradójicamente *fijada* por la imposibilidad final del encabalgamiento. Incapaz de anclar al individuo a una soledad narcisista, el poema mantiene la tensión entre continuidad y discontinuidad y deviene, de este modo, un cuerpo erótico. Dicho de otro modo, "no hace falta / fijarse en una conclusión" porque la conclusión, el final, se fija, más allá de la voz poética, en el último verso, en una disyunción inevitable y silenciosa entre sonido y sentido.

El retorno a lo amoroso se postula como una apuesta textual. Erotizados, es decir, ubicados en la tensión entre lo continuo y lo discontinuo, los poemas devienen lugares -*éxtimos* y transitorios en

---

[36] Badiou juega con el uso de la expresión *tomber amoureux* ("caer enamorado") que se traduce como "enamorarse" y que también tiene su correlato en inglés: *fall in love*.

Un hotel con mi nombre de Cecilia Pavón; recordados o distorsionados por el recuerdo en *Podría llevar cierto tiempo* de Clara Muschietti- donde la fantasía amorosa toma posición. Lo que sigue se propone analizar, en la propia materialidad del lenguaje poético, la configuración de lo amoroso y la distribución de lo sensible en tanto terrenos que tensionan la concepción posmoderna del cuerpo.

2. Erotismo de los corazones: el corazón, entre lo cursi y la extimidad

> El corazón es el órgano del deseo (el corazón puede henchirse, desfallecer, etc., como el sexo), tal como es conservado, encantado, en el campo de lo Imaginario.
> Barthes 88.

En la articulación barthesiana, la figura del corazón es antes que nada la evocación de un elemento deseante orgánico cuyo funcionamiento se asemeja al del sexo. Uno de los grandes descubrimientos del siglo XVI, señala Richard Sennett, consistió en demostrar que el corazón bombea sangre a través de las arterias del cuerpo y recibe esta sangre de las venas (Sennett 276). Este descubrimiento, en efecto, hace del cuerpo una máquina y del corazón, su centro mecánico. Pero la organicidad del corazón, en la definición de Barthes, aparece inmediatamente ligada a su relación imaginaria con el deseo que lo somete a un *encantamiento* propio del discurso amoroso.

Ahora bien, la dimensión simbólica del corazón que encarna, en tanto significante, los sentidos vinculados a la pasión amorosa, ¿deriva del estatuto mecánico que pone en funcionamiento el resto del cuerpo? ¿O bien las pulsiones eróticas desafían su función puramente instrumental? Si la poesía se sitúa, como intentamos demostrar, en la tensión entre una sintaxis orgánica, simbólica y continua y una métrica inorgánica, imaginaria y discontinua, el corazón oscila entre su función vital orgánica y un erotismo a contrapelo de "la maquinaria dispuesta / para que todo avance" (Muschietti 15). En esta tensión se inscriben los poemas de Clara Muschietti y Cecilia Pavón, de modos diametralmente diferentes: en *Podría llevar cierto tiempo*, el corazón es despojado de su estatuto orgánico y mecánico conferido por médicos, extraños y terceros que ven en él la mera maquinaria; en *Un hotel con mi nombre*, el corazón se sitúa como centro *éxtimo*, indisociable de la corporalidad expuesta al otro y, al mismo tiempo, como resguardo de la intimidad. Ambas autoras, de distintas maneras, proponen un retorno a la figura del corazón por fuera de sus sentidos manidos y lo sitúan como receptáculo posible de las pulsiones eróticas en el centro de un cuerpo anestesiado.

1.2. En busca del corazón en el cuerpo anestesiado

Los poemas de *Podría llevar cierto tiempo* de Clara Muschietti transitan del recuerdo, muchas veces vinculado a un estado de naturaleza no atravesado por la autoconsciencia —el llanto de un animal, un caballo fracturado, el campo, el bosque, la muerte de una perra-, hacia un presente marcado por una consciencia opresiva: "Ya está / todo lo que hago es a consciencia / y está lastimado" (Muschietti 18). Al comienzo del libro, una serie de poemas en prosa funciona como epítome de ese vaivén. Entre el recuerdo primitivo —"ese caballo fracturado en el medio del campo"- y la percepción nostálgica del presente -"Van a tirar la casa abajo Van a tirar la casa abajo Van a tirar la casa abajo. Nosotros quedamos"- se dibuja un quiebre. La separación de los padres del yo poético ("la familia ya quebrada") encuentra su correlato textual en una fragmentación numerada que separa los textos entre sí y enfatiza la desintegración.

El sexto poema de la serie acentúa este quiebre: "Un puente que separa lo mejor de la vida de lo peor. Cruzarlo sin sentir nada. Una anestesia generalizada en cada vena" (Muschietti 18). La sintaxis del fragmento da cuenta de un pasaje textual entre un pasado vinculado a la felicidad y un presente marcado por el sufrimiento. De la conjugación en presente del verbo *separar*, el yo poético transita hacia un infinitivo que despoja al sujeto de la posibilidad de acción (*cruzarlo*), para finalmente derivar en una oración unimembre que cosifica el cuerpo y lo vuelve pura inmovilidad (*una anestesia generalizada en cada vena)*. A medida que crece, es decir, que atraviesa "la pena que [le da] el mundo" (Muschietti 30), la mujer de los poemas se convierte en pura organicidad dormida y el texto deviene en una sintaxis despojada donde desaparecen los actantes y la referencialidad. Mientras que el sujeto del recuerdo, como veremos, conserva un corazón –es decir, disuelve el componente orgánico para albergar el deseo encantado-, la voz sonora y mundana del presente emana de un cuerpo anestesiado. Como la "intervención quirúrgica en el medio de la cara" (Muschietti 49) que imprime el quiebre en el rostro y obtura para siempre la simetría, el pasaje del pasado al presente, es decir, el ingreso del sujeto en las coordenadas de un mundo quebrado y deserotizado –"una mancha enorme en todo lo que implique algo de cariño" (Muschietti 18)- adormece el cuerpo y lo priva de la experiencia erótica.

La cirugía como negatividad del deseo erótico también aparece en los poemas de Cecilia Pavón. En *Un hotel con mi nombre*, la vejez, la gordura, las drogas y el paso del tiempo atraviesan los cuerpos efímeros de los sujetos y también el cuerpo del poema: "No me digan que la literatura no es algo muy frágil. / La literatura es algo muy frágil" (Pavón 129). El poema "Él y yo somos mendigos del amor", que pone de manifiesto un triángulo amoroso no correspondido, concluye de este modo:

> Si no hubiera deseo sexual, dice él, la vida sería más fácil.
> Alguien desde la otra punta agrega "pero
> podés operarte".
> No, con una operación de ese tipo, la vida perdería
> sentido.
> Le propongo que vayamos a discotecas y nos entreguemos
> a la música, para olvidar todo.
> O tomar alguna pastilla y esperar que algún extraño nos
> seduzca, como comúnmente sucede.
> Tenemos que cambiar de escenario.
> Estamos demasiado pendientes de él. Sus jeans ajustados,
> sus manos grandes (Pavón 81).

Frente a la frustración amorosa expresada en el marco de un diálogo en un bar, se oye la opción de la operación quirúrgica. La castración orgánica como antídoto para la no correspondencia amorosa llega del afuera, "desde la otra punta", desde un barullo social que ubica en el cuerpo castrado una potencialidad del olvido. Pero tampoco el yo poético es ajeno a la propuesta de anestesiar el cuerpo para olvidar el objeto amoroso: le propone, siguiendo la lógica del encabalgamiento, volverse extraños mediante el consumo de dro-gas.

El cuerpo esquizo-experimental del drogado, señalan Deleuze y Guattari, plantea una experiencia de exterioridad radical en la cual los órganos se descentran y se confunden. La ingesta de drogas, opuesta al entramado orgánico, se sitúa en un más allá del cuerpo sin órganos y barre, junto con el entramado orgánico, la sensibilidad. Sin embargo, no resulta suficiente escindir, en los poemas de Pavón, el cuerpo enamorado del cuerpo drogado bajo la figura de la evasión. Por el contrario, los poemas operan *desterrito-rializando* y *territorializando* al mismo tiempo: ante la imposibilidad de experimentar la alteridad en las coordenadas de la posmodernidad, las drogas extraen al sujeto de sí para descentrarlo de su propio deseo pero, al mismo tiempo, en esta extrañeza, en esa otredad absoluta que se inscribe al interior de sí misma, la voz poética encuentra una posibilidad de amar: "Cuando tomabas tu pastilla con forma / de flor yo te miraba y sonreía / y también, siempre, desde que existo, he / querido entrar en tu cuerpo" (Pavón 12).

"Él y yo somos mendigos del amor" comienza y termina con la figura de las manos: de "la manera en que nos toma las manos para saludarnos / apenas nos vemos" transitamos hacia "sus manos grandes". El pasaje de la unión con el otro –como el abrazo, la tomada de manos produce un retorno afirmativo a una unidad perdida (Barthes)-, a la percepción externa de las manos –grandes en relación a la pequeñez del cuerpo que las mira- implica un descentramiento del cuerpo enamorado que solo puede castrarse, como propone el entorno social, o drogarse para salir de sí. Anestesia y drogas se configuran así como vías de escape de un cuerpo reducido a la mera corporalidad ("podrías operarte"). Ante la ausencia del otro y la imposibilidad de reconciliar la propia subjetividad con el afuera, el sujeto busca suprimir el padecimiento aplacando su organicidad o viéndola desintegrarse: "En sus brazos fuertes / veo correr la sangre del amor / estoy inmóvil / la boca abierta / ya no tengo garganta" ("En la tarde, por la Boca...", Pavón 91).

La violencia de un mundo deshumanizado en los textos de Muschietti ("Ah, es que perdí / ese velo con el que ves / el mundo en una versión admisible" [14]) y el ocaso de la experiencia amorosa en los poemas de Pavón ("el continuo del amor quebrándose / otorga a las cosas aspectos monstruosos" [66]) producen cuerpos anestesiados y drogados, incapaces de percibir el dolor o estimulados para contrarrestarlo mediante la construcción de un otro-yo. Sin embargo, el cuerpo orgánico, puesto en evidencia por un lenguaje que lo inmoviliza, no permanece simplemente como la cárcel de una subjetividad que no se halla a gusto con el mundo. Por el contrario, la propia organicidad aparece subvertida y las mujeres de los poemas logran trascender la función biológica primordial para encontrar en el corazón –en el centro o en su reminiscencia infantil- un resto sensible. En tanto núcleo suave de una organicidad áspera (Mus-chietti) o resguardo cálido en medio de una corporalidad exteriorizada (Pavón), el corazón se configura como centro imaginario que alberga las pasiones eróticas.

2.2 Espacio y tiempo del corazón: imaginario infantil y centro éxtimo

"Hasta el siglo XVIII", señala Richard Sennett, "los médicos cristianos discutieron acaloradamente dónde se asentaba el alma en el cuerpo, si el alma se comunicaba con el cuerpo a través del cerebro o del corazón, o si el cerebro y el corazón eran «órganos dobles», que contenían tanto materia corporal como esencia espiritual" (Sennett 276). En los poemas de Muschietti, la disyuntiva entre corazón y cerebro, que en el debate científico moderno remitía a la ubicación corpórea de la espiritualidad cristiana, se inclina, de modo conscientemente infantil, por una sensibilidad que busca ganarle terreno a la propagación de la racionalidad. En el siglo XVIII, señala Sennett, la ciencia comienza a subrayar la independencia de los órganos, su funcionamiento aislado. El corazón, en efecto, pierde su peso en la medida en que "no es sino una máquina para la circulación" (Sennett 276). Retornar al corazón, en efecto, supone retornar a una organicidad sensible que reúne las partes discontinuas para dar curso a una continuidad que, en última instancia, derivará en la muerte.

"Quería tener otro corazón en lugar de cerebro" (Muschietti 31), señala el yo poético de *Podría llevar cierto tiempo* a medida que recuerda la vez que alguien –un tercero siempre difuso en los poemas, a la manera de un gran Otro- le transmitió el miedo a la mirada de dios: "quería ser la más buena del mundo, que dios me amara, me considerara perfecta y dejara de mirarme". El corazón se propone co-mo alternativa a una racionalidad que condena al sujeto a la mirada agobiante del otro. Frente a un diagnóstico incesante que, como señala Foucault, busca aportar luz sobre el cuerpo del paciente, el imaginario infantil desea reemplazar el cerebro por otro corazón, es decir, salir de las coordenadas ilustradas y morales para instaurarse como fuente desinteresada de cariño. Esta voluntad de duplicar el corazón, de "ser cursi todo el tiempo", deriva en un padecimiento insoportable: "Me caían lágrimas de a una. El dentista decía 'qué sensibles que son por acá'. A veces había llegado a pensar que de tanto desear tener dos corazones lo había logrado" (Muschietti 33). El dentista, en un mundo empírico quebrado que imposibilita las relaciones amorosas, solo puede predicar la sensibilidad en tercera persona del plural. Si el amor es la experiencia auténtica de la alteridad, el mundo deserotizado en el que circula el yo poético no admite esta experiencia puesto que terceriza los sentimientos y los desplaza del centro.

La desconexión entre cuerpo y sensibilidad y la imposibilidad de pronunciar el dolor en las personas del discurso se evidencia al final del poema que narra un accidente automovilístico: "Alguien me revisó y dijo: está ilesa. Era la primera vez que veía a un desconocido equivocarse tanto" (Muschietti 55). Frente a estas terceridades que observan al yo desde afuera y operan separando el cuerpo de la sensibilidad –desconocidos, extraños, dios, familiares nuevos, "un santo desconocido que alguien / te nombró en una cena de trabajo"- la voz poética, en cambio, predica el amor en pretérito y en primera persona. Corazón y cursilería, de este modo, se vuelven deícticos que resisten a la violencia de un presente puro ("cada vez estoy más segura: el presente no existe" 39) e incorporan a la sintaxis la presencia de un otro.

Podría llevar cierto tiempo se abre con un poema sobre el llanto de un animal que hace que la voz poética pierda el rumbo del día ("pasan las horas y a veces / es difícil organizarse"). Mientras que, en el presente, la subjetividad permanece completamente escindida de la alteridad por "un factor externo clavado en el centro" (Muschietti 9), en la nostalgia de la continuidad perdida que da forma al erotismo no hay separación sino que discurso, fantasía y cuerpo giran en torno a una misma unidad y esbozan un corazón dibujado a medias con un interlocutor difuso. Una vez configurado el recuerdo y rastreado el corazón, el *yo* se funde en una continuidad cercana a la muerte: "Mi ropa y mi pelo estaban igual. Pero no pude hacer nada, ni siquiera contestarte si quería comer o no. Lo más probable es que me hubiera retirado del mundo mucho antes" (Muschietti 41).

Garabateado en dibujos, estampado en remeras, imaginado en peluches, el corazón que aparece en el centro de los poemas de Muschietti se despoja de la organicidad y se apropia de sus sentidos infantiles para enfrentarse con un mundo descorazonado. En los poemas de Pavón, el corazón no se ubica en una temporalidad previa al quiebre del sujeto con el mundo sino en el presente transitorio de la sexualidad, tal como lo demuestra el título *Un hotel con mi nombre*. A la especificidad pretérita del corazón en los poemas de Muschietti, los textos de Pavón oponen una geografía precisa: el amor se sitúa al interior del departamento, en la *extimidad*, es decir, en lo más íntimo del sujeto que solo es posible reconocer fuera de sí y, viceversa, en lo absolutamente exterior que habita al yo. El poema "Árbol" da cuenta del carácter presente y *éxtimo* del amor:

> Cuando te enamorás el mundo
> se vuelve un lugar tan sensual que lastima
> el amor no se puede conjugar con el pasado
> y de repente un árbol oscuro crece en el living de tu casa.
>
> Recorrerás las ramas de ese árbol para siempre
> y será siempre un misterio.

En el siglo XVIII, señala Sennett, los planificadores urbanos, basados en los avances de la medicina moderna, trasladan los descubrimientos anatómicos al terreno de la ciudad. Las calles, de este modo, pasan a configurarse como venas y arterias, las plazas y los parques como pulmones y el castillo del príncipe constituye "el co-razón del plano" (Sennett 283)[37]. Los poemas de Pavón pueden leerse en torno a esta relación histórica entre cuerpo y ciudad. La ciudad de Buenos Aires (Plaza Once, un shopping cerrado en la madrugada, Avenida Libertador, fiestas y bares, la calle Maure, etc.) pero también la ciudad de Berlín en la cual la voz poética se torna una extranjera ("el gobierno alemán no me concederá ningún permiso de residencia") se postulan como organismos permanentemente deconstruidos. Desea-da y aborrecida, la ciudad en tanto cuerpo alberga y expulsa a un sujeto que la recorre guiado por el deseo sexual: "Estoy intoxicándome con los cigarrillos de contrabando / que vende la gente de Vietnam a la salida del subterráneo / Soy penetrante y masculina, me visto con ropas de soldado / compradas en una boutique del barrio árabe, llamada, / 'Trendy Armée'" (Pavón 89).

Si el corazón de la ciudad se encuentra en el centro del poder, la operación de los poemas consiste en descentralizar una espacialidad

---

[37] A pesar de que el corazón ocupe la centralidad del plano, señala Sennett, la lógica urbana, como la anatómica, consiste en descentralizar el poder para dar una autonomía –ficticia, aclaramos- a las partes que componen el todo.

vacía (el edificio de Plaza Once donde descansa Rivadavia, "aunque esto a nadie le importa" 98) y llevar el núcleo a la intimidad. Pero esta intimidad, como muestra el poema "Árbol", no es sino una *extimidad*: el afuera –la naturaleza, el cantero, la calle- ingresa al departamento bajo la forma de un árbol cuando el sujeto se enamora, lo que equivale a decir que el amor, como señalaba Badiou, es un encuentro con la alteridad absoluta: una alteridad que, una vez adentro, se torna íntima y milagrosa. De la tierra seca, producto de una intimidad que se desvanece, no puede brotar nada, pero el cruce con un afuera desconocido vuelve a instaurar la fertilidad amorosa en el centro.

El deseo opera sobre el entorno, construye pantanos y deja crecer los yuyos; pero el cuerpo, orgánico y temporal, sólo puede construir una naturaleza efímera. La ciudad, sin embargo, aparece como la contracara de la intimidad y a su vez como el objeto de deseo más intenso: "Odio la ciudad, pero un solo paso fuera de su perímetro me aniquilaría al instante" ("Aunqueno esté en la ciudad yo siempre trabajo…"). Así, la condición inmortal de la ciudad ("Lo bueno de los edificios es que nunca mueren/son homeless pero no mueren"), el abandono de lo doméstico y la frialdad del asfalto fundan la posibilidad poética. De lo contrario, cuando el afuera se presenta ideal, el cuerpo se paraliza: "Parece que los días de sol la gente no/sabe qué hacer: /paralizarse en la vereda" ("El festival de las lá-grimas").

El cuerpo actúa sobre el espacio asfaltado y se libera. El amor surge así como una porción de la ciudad, íntima, ínfima e incomprensible. Si "la ciudad está llena de rejas" ("Art Déco"), es al interior de ellas, en el corazón de la plaza, en el vacío del departamento, del patio, donde pueden brotar el amor en tanto árbol oscuro y el poema como un rumor que se sale de los márgenes de la plaza, destruye la reja y funda, en los recovecos de la ciudad, una nueva geografía poética sensible.

3. Resquicios de lo áspero

3. 1. La negatividad del sustrato amoroso

Tiñendo los recuerdos infantiles y dibujando, al interior del departamento, un corazón, las poetas engendran, en un gesto poético-político, un erotismo a contrapelo de la sociedad del rendimiento que desdibuja las pasiones eróticas. La incorporación de la figura amorosa en las grietas de un empirismo deserotizado aparece, en ambos textos, contrarrestada por poemas que trabajan, desde la ironía, el deseo de una familia tipo o de una pareja heterosexual prototípica. Hacia el final del poema "La vida me sonríe" de Pavón, señala el yo poético: "Mi novio mide 1,92, es rubio, de ojos celestes y lleva sólo ropas claras. Sus parientes son ricos, y dice que me amará siempre" (Pavón 84). En un movimiento similar, la voz poética de *Podría llevar cierto tiempo*, quien admite "fantasear con cosas muy tristes para acostumbrar(s)e al mundo en que viv(e)", escribe:

> Ocupo el tiempo que me sobra inventando historias donde soy la protagonista, tengo una hija de cinco años, le puse un nombre largo. Mi marido me quiere, pero atraviesa una crisis personal muy importante. Soy buenísima y lloro, lloro mucho, sufro. Me hago sufrir hasta que me doy cuenta de que no me sobra tanto el tiempo. (Muschietti 43)

En ambos poemas resulta evidente el cambio de registro. En el texto de Pavón, ya desde el comienzo se resalta el tono inverosímil ("me encontré 3500 euros detrás de un árbol") y, en el marco de una serie de textos que abordan la vida *hardcore* de Berlín, el título del poema se torna en sí mismo sarcástico. En el texto de Muschietti (que compone una serie de "fantasías" en prosa intercaladas), la ironía se evidencia en el superlativo ("soy buenísima") y en la re-petición del verbo "lloro, lloro mucho" que se contrapone al padecimiento de lo real –transmitido, como vimos, a través de desajustes lingüísticos–. Lo que resulta interesante es que, en ambos textos, tanto el novio paradigmáticamente "ideal" como el marido prototípico profesan su amor ("dice que me amará siempre"; "mi marido me quiere") a un yo poético que no devuelve el sentimiento. En otras palabras, estas voces poéticas se configuran como cuerpos deseantes y contrahegemónicos que rechazan el amor romántico –ambas imágenes se asocian a imágenes televisivas, publicitarias o fílmicas *mainstream*-. La ironía, en este sentido, deviene un dispositivo capaz de mostrar la reproducción de la mismidad y, al mismo tiempo, acentuar el contrapunto, es decir, el sustrato amoroso que se inscribe en los cuerpos femeninos deseantes.

3.2 ¿Hacia una pornografía erótica?

"Las imágenes porno muestran la mera vida expuesta. El porno es la antípoda del Eros. Aniquila la sexualidad misma. Bajo este aspecto es incluso más eficaz que la moral" (Han 47). El ocaso de la experiencia erótica, señala Byung-Chul Han, se corresponde con el apogeo de la era pornográfica. Signada por un régimen escópico masculino, la pornografía construye una ficción hiperreal: mientras que el erotismo implica la pérdida -el yo se funde con la continuidad- la pornografía supone la producción y la acumulación, la fantasía sin caída del *voyeurista* que no se implica en aquello que ve. Hiperbólica, la era pornográfica escenifica una intimidad profanada y convertida en mercancía.

Sin embargo, frente a la exposición heteronormativa de la *nuda vida* -frente al recorte y al *zoom* incesante de los órganos sin cuerpo capturados por la mirada masculina-, surge un gesto poético deconstructivo encarnado por Cecilia Pavón: la imagen porno ingresa a las coordenadas poéticas desde un punto de vista que inscribe al amor en el seno mismo de una sexualidad expuesta. Si la pornografía supone una mecanización de la sexualidad que la extrae de toda función ritual, los poemas de Pavón vuelven a ritualizar las imágenes pornográficas, como se lee en el poema "Gonzalo": "[...] Dejá de escribir con la mente / me dice, / y me muestra / una revista porno que le regaló un amigo / no es una revista vulgar, / es pornografía estetizada, / y le agradezco al cielo tener un / amante tan sutil esta noche" (Pavón 15). La "pornografía estetizada" a la que se refiere la voz poética no es, sin dudas, el embellecimiento vacío de la imagen pornográfica sino la politización signada por la inscripción poética. El *voyeurismo* prototípicamente masculino es deconstruido en pos de una mirada femenina que destituye a la revista de su función de excitación y también de su aspecto mercantil. El ingreso de la imagen porno a la escritura poética, que se refiere directamente en el poema ("dejá de escribir con la mente"), implica el borramiento de los cuerpos reducidos a la mera organicidad y su resignificación en los cuerpos vivos de los amantes, es decir, su ingreso en una dimensión erótica signada por la pérdida, la opacidad y la muerte.

La profanación del Eros en pos de la mismidad securitaria, aquello que Han o Badiou ven, de manera certera, como pérdida de la sociedad neoliberal, no puede leerse como mera nostalgia de continuidad, en la medida en que eso implicaría el deseo de retorno de un velo colocado por la mirada masculina sobre el cuerpo femenino para someterno al imperativo de sensualidad. De lo que se trate, quizá, sea de re-ritualizar las prácticas sexuales y amorosas desde una deconstrucción de género, como lo proponen los últimos dos versos del poema "Avenida Libertador": "Soy una tonta, porque las mujeres existen sólo en su condición de misterio. / (Soy una perra que ama hacer el amor en palliers, / ascensores y baños de restaurants)" (Pavón 87). En el paréntesis final se cifra, como un anexo imprescindible, la verdad de una sexualidad que no necesita del escondite para configurarse como tal, sino que, mediante un ritual aparentemente descarnado, vuelve a colocar el amor (mencionado dos veces) en el centro periférico de una escritura poética fragmentada.

Consideraciones finales

En el tajo profundo que le hace la niña a su oso de peluche se inscribe, entonces, un doble movimiento: por un lado, la constatación empírica de un mundo descorazonado en el cual desfilan otros atópicos, despojados de sensibilidad e incapaces de devolverle a la enamorada un gesto de cariño; por el otro, la posibilidad de expe-rimentar la diferencia radical, coser la herida y encontrar en la alteridad una potencialidad amorosa mediante la fantasía y la incorporación de una interioridad expuesta. El verso, también atravesado por el tajo –la figura siempre inacabada y fragmentaria del encabalgamiento-, se erige en el cisma entre la aspereza cruda de un presente descarnado y la ternura mullida de lo Imaginario encarnado en los cuerpos. Aunque la niña no dé con el corazón de su oso de peluche, el poema, mediante una materialidad que funciona a contrapelo de la sociedad del rendimiento narcisista y heteropatriarcal, se configura como un cuerpo erótico agujereado por el deseo de la enamorada. Frente a la concepción del cuerpo como maquinaria, mera organicidad u objeto de consumo, los poemas dibujan cuerpos fragmentados que resisten a la anestesia de un mundo adoctrinado y retornan al corazón no ya desde sus sentidos apropiados por la sociedad de consumo, sino en tanto articulador de discursos amorosos que desplazan a la racionalidad y a la norma del centro. Sumergidos en el dispositivo de lo cursi y de una sexualidad éxtima, los poemas devienen lugares eróticos que resisten, desde la sintaxis, a la violencia que implica el borramiento incesante del otro. En otras palabras, sugieren una reconciliación afectiva con el mundo.

Bibliografía

Agamben, Giorgio. *El final del poema*. Buenos Aires: Adriana Hidalgo, 2016.

Barthes, Roland. *Fragmentos de un discurso amoroso*. Buenos Aires: Siglo XXI, 2015.

Badiou, Alain con Nicolas Truong. *Eloge de l'amour*. Paris: Champs Essais, 2016.

Bataille, Georges. *El erotismo*. Barcelona: Tusquets, 2007.

Foucault, Michel. "Prefacio" a *El nacimiento de la clínica. Una arqueología de la mirada médica*. Buenos Aires, Siglo XXI Editores, 2001.

Han, Byung-Chul. *La agonía del eros*. Barcelona: Herder Editorial, 2014.

Muschietti, Clara. *Podría llevar cierto tiempo*, Buenos Aires: Bajo La Luna, 2015.

Onfray, Michel. *Teoría del cuerpo enamorado*. Valencia: Pre-Textos, 2008.

Pavón, Cecilia. *Un hotel con mi nombre*, Buenos Aires: Mansalva, 2012.

Sennett, Richard. *Carne y piedra. El cuerpo y la ciudad en la civilización occidental*, Madrid: Alianza Editorial, 1994.

Wittner, Laura. "El eclipse" en *Lugares donde una no está*, Buenos Aires: Gog y Magog (pp. 206), 2017.

Comunicaciones

Esteban Luciano Juárez
Universidad de Buenos Aires

Un cuerpo trascendente: la concepción cristiana y sus desvíos en *Malicia* de Leandro Ávalos Blacha

Un sujeto segmentado

En la actualidad el cuerpo humano es moldeado por la violencia, es extirpado de un correlato o equivalencia con aquello que supuestamente lo "habita". Esta violentación del cuerpo se manifiesta en términos filosóficos y jurídicos, los cuales, a su vez, encuentran su anclaje en la tradición teológica de Occidente. Ser persona, según estas nociones, equivale a ser propietario del cuerpo de uno mismo, cosa que presupone necesariamente el término "control": como si se tratase de una propiedad privada a administrar por el ser pensante que lo habita, la tradición cristiana (que a su vez recupera ciertos postulados platónicos) ha relegado la materialidad a un papel secundario con respecto a lo que el individuo "en realidad" es. La identidad, entonces, se produciría allí donde lo corporal simplemente no se encuentra. De esta forma, el alma o la mente se configuran como el núcleo racional que, con el fin de trascender en términos religiosos, debe proceder a la reificación de su capa biológica.

El escritor argentino Leandro Ávalos Blacha publicó en el año 2014 la novela *Berazachussets*. En ella, la conciencia y humanidad presentes en una zombi, Trash, se enfrentan a la pasividad y canibalismo socio-económico presentes en la sociedad de los vivos. De esta forma se pone en cuestión el carácter nocivo de la carne pues el hecho de "ser sólo cuerpo" no implica necesariamente un deterioro o degradación en la condición humana. Sin embargo, *Malicia,* publicada en el año 2016, da un paso más allá y propone otro tipo de aproximación a la construcción del cuerpo: mientras que, por un lado, se construye y problematiza una noción del cuerpo que responde a la concepción de la tradición cristiana; por el otro, se establece la posibilidad de pensar en el "componente biológico" como parte fundamental de la subjetividad y, al mismo tiempo, como materialidad que se niega a ser limitada a un papel secundario. En este contexto, la piel cobra otro sentido y en consecuencia las funciones y el significado de aquello táctil toma el centro de la escena.

En *El dispositivo de la persona*, recuperando a Locke y Mill, Roberto Esposito problematiza la noción de que la persona no *es*, sino que *tiene* un cuerpo (31). En consecuencia, al ser propietario de su capa biológica, el núcleo racional y moral del hombre se encuentra frente a la necesidad de ejercer su poder sobre el propio cuerpo para finalmente expresar su naturaleza y subjetividad. La supresión del lazo que une lo divino con lo terrenal resulta indispensable en pos de reconocer su *esencia*, su *yo*. De aquí, surge la necesidad de llevar a cabo un *control*, lo que implica que una persona es tal sólo si es "absoluto señor de sí mismo" (66). El hecho de autogobernarse equivale a incurrir en una separación del sujeto para relegar al cuerpo a una po-sición subordinada con respecto a lo que se erige como una "esencia" de orden moral, racional y espiritual. Así, el cuerpo ha sido definido como el componente impulsivo y animal de nuestra naturaleza; en definitiva, como una entidad de bajos instintos que, en caso de no ser controlada, adoptará una conducta autodestructiva y corruptora de todo lo valioso en términos morales o espirituales.

Esta concepción del cuerpo revela una relación de poder donde una propiedad debe ser gobernada por su núcleo pensante. Esto significaría que la verdadera libertad de la persona es alcanzable una vez liberada de esta carga. La impureza que encierra aquello material es precisamente lo que hace, en gran parte, que la verdadera realización y trascendencia sólo pueda lograrse en el plano opuesto o sea, el inmaterial. En este punto, la muerte se configura como parte indispensable del proceso de desprendimiento y es exactamente esto lo que exhibe el personaje de Piru Viedma. Esta vedete es asesinada brutalmente tras los bastidores de una obra teatral en la ciudad de Villa Carlos Paz y, posteriormente, su cuerpo es arrastrado y abandonado en un baño del teatro. Allí es donde su espíritu[38] se manifiesta

---

[38] Espíritu o espectro. Tomaremos ambos conceptos como la manifestación inmaterial de la persona. Se trata de una subjetividad ya no ligada estrictamente al plano terrenal aunque se manifieste en el mismo.

en forma de voz, haciendo entrar a otros personajes en un estado de trance convirtiéndolos por la fuerza en sus oyentes. Sus primeras palabras son: "Chicas, la que está muerta soy yo" (57). Vemos entonces cómo la subjetividad se encuentra totalmente desligada del cuerpo; la inmaterialidad es la verdadera naturaleza del "yo", aspecto que también se observa en su uso del tiempo presente. Ser, aquí, no es sinónimo de vivir ya que supone una ruptura o separación con res-pecto a aquello que nos ata a la materialidad y, en consecuencia, conduce a la verdadera realización de la persona.

La libertad del alma/mente, entonces, es hasta aquí sólo alcanzable una vez destruida o suprimida su relación con el cuerpo tal como lo afirma Piru Viedma: "La cosa es mucho mejor de lo que aparenta. Nada que ver a lo que se imaginan ante ese cuerpo ensangrentado" (57). En primer lugar, se destaca la forma en que la vedete se refiere a su propio cuerpo; es "ese cuerpo" y no "mi cuerpo". Puede observarse cómo la relación de propiedad entre el alma/mente y el cuerpo ha sido anulada y, de esta forma, ya nada adhiere la esencia del sujeto a la carne. A este personaje ya no le queda motivo alguno para emplear el pronombre *yo* a la hora de referirse a ese cuerpo vacío pues su libertad consiste precisamente en dicha separación. En el pasaje citado se exhibe la oposición entre materialidad e inmaterialidad pero, esta vez, en términos estéticos: lo horroroso de un cadáver abierto de par en par es exactamente opuesto a la belleza de la libertad. Frente al cadáver de Piru Viedma, el carácter negativo de la muerte se circunscribe únicamente a las circunstancias en que la misma se produjo, sin embargo, como lo horrendo es concebible sólo al ser enfrentado a su opuesto, advertimos que en este episodio la belleza no se relaciona con el fin del sufrimiento sino más bien con la mismísima posibilidad de abandonar el cuerpo. Lo placentero que experimenta el alma/mente es precisamente la transición a un estado más elevado de existencia: "Cuando me agarró del cuello y entró el cuchillo por primera vez el dolor fue horrible, pero enseguida me sentí plena, liberada, liviana, espléndida, como al bajar la escalera en el escenario, pero muchísimo mejor" (57). Para este personaje, la sensación de plenitud posterior a la muerte corporal es sólo relacionable con el mayor placer de su profesión pero el valor es otro: por más grande que sea, el éxtasis terrenal no logra siquiera acercarse a la experiencia inmaterial.

Un cuerpo trascendente

Hasta aquí el cuerpo humano sólo es definido en términos degradantes ya que se *es* gracias y a partir de un *dominar*. En *Extraños animales*, Mónica Cragnolini señala que ser hombre "implica superar o avasallar la animalidad en uno mismo o fuera de uno mismo" (10). La dominación se configura como instrumento predilecto del hombre no sólo a la hora de diferenciarse del resto de los animales para controlarlos, domesticarlos y explotarlos sino también para identificar su propia animalidad y recurrir a los mismos procedimientos con su corporalidad. Esto es precisamente lo que el cuerpo representa según el paradigma teológico hasta aquí expuesto: ser humano es "superar la animalidad en vistas de lo espiritual" (109) y se opone por definición a las pasiones, los impulsos o instintos sujetos a la carne. Sin embargo, esta degradación del componente biológico se enfrenta a su opuesto con el personaje de Perla, una extraterrestre cuya forma física logra camuflarla dentro de la humanidad; sin embargo, su piel es portadora de un secreto y un poder sin igual. Tal como sugiere Jay Prosser, el contacto entre pieles no sólo puede ser entendido como uno reversible pues tocar es, al mismo tiempo, ser tocado (52), sino que también responde a un "aquí y ahora" siempre inmediato. De esta forma, el recubrimiento de la carne, la capa exterior de otra exterioridad, posee un carácter doble pues sirve de protección al mismo tiempo que de apertura hacia los demás. La proximidad y el encuentro, entonces, se miden con la piel.

Más allá de los significados sexuales y temporales de la piel, lo que aquí nos interesa señalar es que, por un lado, marca una presencia inevitable e irreversible y, por el otro, que puede servir como productora de subjetividad. La misma, al formar parte del cuerpo para protegerlo y cobijarlo, es "escudo" y, simultáneamente, "entrada" para todo aquello exterior y es precisamente este perma-nente contacto con lo ajeno lo que hace que Jay Prosser considere a la piel como una superficie que registra nuestra biografía personal. Se trata de un elemento que asume el rol de "paisaje" de nuestros cuerpos manifestando no sólo la materialidad de nuestra presencia sino también la de nuestra experiencia; ya sea por medio de arrugas, quemaduras, cicatrices o tatuajes, la capa exterior de nuestros cuerpos es no sólo tangible sino también legible; nuestro pasado marca la piel y la convierte en un cúmulo de sensaciones pasadas y presentes exhibidas siempre en un "aquí y ahora". La subjetividad, entonces, podría encontrar su correlato en lo tangible acortando así el hiato entre persona y cuerpo. Como vemos, este recubrimiento presenta de forma conjunta todo lo que fue y es mientras que el futuro escapa de sus posibilidades en cuanto inmanencia, pero no así en cuanto degradación; su destino es el mismo que el del cuerpo pues también lo compone. Sin embargo, las posibilidades de la piel son, en Perla, también futuras y trascendentes.

El asesino de vedetes en Villa Carlos Paz ha robado de un centro de investigación una piel alienígena y al establecer contacto directo con ella, las víctimas sufren misteriosas quemaduras pero Perla, al ser atacada en el teatro, no es herida de ninguna manera: "Perla sintió escalofríos, un extraño cosquilleo electrificó su cuerpo cuando esa piel se posó sobre su cuello [...] El hombre la punzó sin llegar a herirla, con la cara casi pegada a la suya, oliéndola y probando el gusto de piel con una lengua áspera" (53-53). Al comprobar la correspondencia entre las pieles extraterrestres, el asesino se excita y opta por saborear la piel de Perla no sólo para comprobar la presencia de esa corporalidad sino también para sexualizar el misterio. Sin embargo, la novela da a entender que esta conducta es únicamente propiedad de la raza humana ya que el encuentro entre dos pieles compatibles no es sexual sino que su significación va mucho más lejos:

> Para cada uno de nosotros sólo existe uno de nuestra misma especie con quien podemos tener contacto físico (...) El encuentro no tiene que ver con el sexo, el amor ni la reproducción. Cuando dos pieles se juntan generan un tipo de energía, de poder, de alumbramiento en todas las demás. Son momentos de bonanza. De bendición, de progreso. (...) La piel que robó ese hombre era una más, pero es justo la que hace par conmigo. (137-138)

Este pasaje permite clarificar otro giro propuesto por Ávalos Blacha en *Malicia*; en la piel de la raza extraterrestre a la que Perla pertenece se configura un cuerpo de significación propia que no precisa de una interioridad de orden divino para adquirir determinado valor ya que su propia exterioridad se la provee. La trascendencia, entonces, encuentra sus posibilidades gracias al plano de lo material y más precisamente en el tacto. Así, el contacto entre estas dos pieles compatibles lleva al extremo lo comentado anteriormente: la presencia táctil del cuerpo ya no sólo invoca una subjetividad, sino que logra alcanzar y "bendecir" a todas las demás generando la posibilidad de una existencia superior en términos tanto individuales como colectivos. El "alumbramiento" y la "bendición" a las que Perla hace referencia son asociables a la pureza que la tradición cristiana coloca exclusivamente en el alma/mente pero ahora cambian de posición, rotan, colocándose bajo el dominio de la materialidad corporal para finalmente dejar de lado toda noción de inferioridad.

Mientras que en los humanos la liberación consiste en abandonar su cuerpo, en la raza extraterrestre equivale a emplearlo. De esta forma se invierte la relación de poder entre los componentes que conforman al sujeto: mientras que por un lado tenemos un "habitáculo" perecedero y descartable para lo divino e inmortal, por el otro, la materialidad es en sí misma divina. El recubrimiento de la carne, esta superficie que carga las huellas del progresivo deterioro, es inherentemente trascendente y adquiere así un valor que enfrenta la concepción del cuerpo como materia corruptora. Sin embargo, se sigue valiendo de elementos religiosos para conformar su poder.

Como hemos visto, la tradición cristiana concibe al cuerpo como una propiedad a regular o controlar por parte del núcleo pensante de la persona. Simultáneamente, esta reificación anula toda posibilidad de que el sujeto sea su propia materialidad ya que la trascendencia se coloca única y exclusivamente en el polo opuesto. Ahora bien, Perla, al igual que toda su especie, encuentra en lo que entendemos como su soporte físico la posibilidad de trascender, de iluminarse e iluminar. Este cuerpo no se trata de una propiedad o de un objeto a conquistar, sino todo lo contrario; su poder reside en la libertad de conectarse con otro para así encontrar una especie de "bendición", término de por sí religioso. Sin embargo, otros personajes de la novela no pueden concebir una materialidad divina en sí misma, sin ataduras, y es así como la noción de *control* reaparece: si el dominio sobre la carne no puede imponerse desde el interior, buscará hacerlo desde el exterior por medio de otras voluntades: el cuerpo de Perla es protegido y santificado por un grupo de monjas quienes aseguran que su destino es dar a luz a un niño más importante que todo el resto de la humanidad: "Cuando Él me poseyó me avisó que esa semilla sería una reserva hasta que te encontrara. Ahora vos la llevás encima, y Su llegada a la Tierra está cerca. No vas a tener *un hijo*, Perla, vas a tener a *Su hijo*" (176). Estas palabras de Élida tienen lugar después de llevar a cabo un ritual sexual entre Perla y Juan Carlos y nos permiten vislumbrar que la noción de cuerpo como objeto o instrumento de una entidad superior no logra desvanecerse aún frente a un cuerpo que no responde a dichos conceptos y de esta manera la cosificación del cuerpo es impuesta por otros que lo conciben como materialidad divina pero sólo gracias a su posibilidad reproductiva: "Vas a quedarte con nosotras hasta que tengas al chico. Después podés hacer tu vida, con Juan Carlos o quien sea" (176). Las monjas, entonces, como representantes de la religión, colocan en otro cuerpo la posibilidad de satisfacer su propia voluntad, para ellas no se trata de otra cosa más que de una herramienta.

La comentada noción de que un cuerpo debe, por definición, someterse al poder de una "entidad superior", llámese mente, alma o voluntad es observable en la relación entre los personajes. De esta forma, una materialidad que parece discutir los postulados religiosos, como lo es Perla, termina por absorberlos ya que es sometida a deseos ajenos o impuestos. Su cuerpo sigue siendo concebido por los demás como un objeto cuya única tarea se limita a los fines reproductivos y vemos cómo una determinación ajena a lo tangible termina por regularlo y someterlo. Así, el uso de los cuerpos en *Malicia*, por más heterogéneos que puedan ser, consiste en instrumentar los deseos de su opuesto con una salvedad: si bien el cuerpo de Perla es explotado por las religiosas, también es cierto que de alguna manera, y gracias a su naturaleza, logra escapar de dicha opresión no sin entregar nuevas referencias teológicas.

La sola idea de pensar en un cuerpo trascendente es invocar la tradición cristiana desde otro enfoque ya que la materialidad de Perla es portadora de un elemento religioso en sí mismo: la trascendencia. Que una materialidad adquiera las posibilidades de algo entendido como una "esencia" para dejar a ésta última fuera de la ecuación, es recurrir nuevamente a una dualidad solapada. El valor de lo material adquiere otro relieve, ya no es objeto que degrade al sujeto pero es igual de cierto que la religiosidad se encuentra latente. La superioridad ya no es propiedad de una "esencia" sino más bien de su "soporte" y esto no es algo menor. Sin embargo, los procedimientos y efectos de dicha trascendencia son leídos en clave teológica:

> Entre sus manos y cuerpo de Perla surgió un campo magnético que irradiaba una luminosidad azulada. Élida, Juan Carlos y Di Luca fueron arrastrados por el aire, con velocidad, y giraron a su alrededor junto a otros objetos. Cuando el movimiento se de-

tuvo, permanecieron en flotación y en absoluto silencio. No se oyó ningún sonido del exterior hasta la explosión que hizo estallar los vidrios. Los cuerpos cayeron al piso (...) Perla había desaparecido. (177)

Este fenómeno de tintes místicos/religiosos culmina con la desaparición física de Perla. Recordemos que el contacto entre pieles compatible produce "bendición" y "alumbramiento" y, una vez finalizado el proceso, Perla se desvanece "descartando" el cuerpo del niño que llevaba en su vientre, cosa que no parece referirse a otra cosa más que a su "Asunción".

El cuerpo de Perla cuestiona la relación entre el *adentro* y el *afuera* hasta aquí tratado. Ya no se trata de un cuerpo que "encierra" una mente o un alma sino que su valor reside precisamente en su propia materialidad. En los postulados cristianos observamos que el verdadero *ser* se encuentra lo más alejado posible de nuestra "superficie" y, así, la subjetividad no inicia ni se produce en lo visible o tangible. Pero Perla invierte este mapa haciendo brotar al exterior (la piel) todo lo que la teología coloca en el interior; se trata, en definitiva, de una rotación y no de una ruptura conceptual pues en sus procedimientos, como hemos visto, se conservan ciertos rasgos religiosos.

La trascendencia del cuerpo ausente

En suma, para los humanos de la novela, la jerarquización platónica entre el cuerpo y el alma resulta evidente; esto nos invitaría en un primer momento a observar una especie de resignación pues lo tangible no es presentado como algo que pueda constituir a la persona. A esto se le debe sumar que el único cuerpo de significación propia sea el de una extraterrestre y, por lo tanto, la posibilidad de derrumbar la dicotomía cuerpo/alma parece alejarse más y más al mismo tiempo que se acerca otra concepción de la materialidad por más ajena que resulte. Finalmente, es Perla el personaje que se aleja de esta dinámica aunque, como hemos visto, descarta su materialidad una vez alcanzado el "alumbramiento" cosa que inevitablemente nos devuelve a lo anterior. Que los procedimientos para la trascendencia se presenten opuestos no implica una alteración total. Ya sea abandonando la materialidad o empleándola, el destino del cuerpo resulta similar y conduce a su vaciamiento o ausencia.

El juego con los límites y las paradojas es una constante en esta novela. Como hemos visto, *Malicia* parece colocar al cuerpo en un escenario que rota y oscila entre dos posiciones aparentemente opuestas; por un lado encontramos la tradición cristiana con su condena a la carne y, por el otro, se encuentra una materialidad capaz de prescindir de una "esencia" para efectivamente *ser* y *trascender* por sus propios medios. Sin embargo, aún dentro de lo que parece alejarse de la norma pueden encontrarse diversas coincidencias con la misma y, de esta forma, persiste una interpretación del tipo esencialista aún en sus propios desvíos.

Bibliografía

Ahmed, Sarah y Stacey, Jackie (Eds.). *Thinking Through the Skin*. New York: Taylor & Francis e-Library, 2004.

Ávalos Blacha, Leandro. *Malicia*. Buenos Aires: Entropía, 2016.

---. *Berazachussets*. Buenos Aires: Entropía, 2014.

Cragnolini, Mónica. *Extraños animales*. Buenos Aires: Prometeo, 2016.

Esposito, Roberto. *Bíos. Biopolítica y filosofía*. Buenos Aires: Amorrortu, 2011.

---. *El dispositivo de la persona*. Buenos Aires: Amorrortu, 2011.

Foucault, Michel. "Clase del 19 de febrero de 1975" y "Clase del 26 de febrero de 1975". *Los anormales*. Buenos Aires: Fondo de Cultura Económica, 2014.

Rosenkranz, Karl. *Estética de lo feo*. Madrid: Julio Ollero Editor, 1992.

Sagrada Biblia. Nueva edición revisada y corregida sobre la versión de la vulgata de Félix Torres Amat. Barcelona: Editorial Ramón Sopena, 1971.

Jennifer Lourdes Videla
Universidad de Buenos Aires

La condición del desaparecido en *Aparecida* de Marta Dillon.

Los restos como sinécdoque de la ilegalidad.

> Porque ese cuerpo, este cuerpo que tenemos, tiene también las pruebas de la crueldad y la saña con la que lo fusilaron (Dillon 2).

> Pienso que allí, en el cuerpo, hay una evidencia: una evidencia de qué se trata la experiencia humana, que sin el cuerpo no es nada" (Saporosi 4).

Marta Dillon, escritora argentina, publica el texto *Aparecida* en 2015 luego de que el Grupo de Antropólogos Argentinos encontrara e identificara los restos de su madre, Marta Taboada, desaparecida por las fuerzas militares en 1977. El hallazgo impacta fuertemente en la cotidianidad de la protagonista y le sirve como disparador narrativo para recorrer tanto su pasado familiar como su presente. Todo a la luz de una dualidad que atraviesa la obra: la ausencia/presencia de un cuerpo y, junto con ello, el binomio muerte/vida. Es a razón de lo planteado que resulta significativo detenerse en la naturaleza del término desaparecido (acepción que adquiere mayor dimensión durante el desarrollo y caída de la última dictadura militar). Es decir, frente a la polaridad muerte/vida que nos articula desde que nacemos hasta que morimos, los sucesos de la dictadura abren un tercer estado que se ubica más allá de esa polaridad: la del sujeto desaparecido. El término alcanza una nueva significación y se lo eleva a categoría en el momento en que sirve para designar un estado en el que se desconoce tanto dónde está como qué se hizo de determinado sujeto— o qué le van a hacer-. Tal es así que en la obra, la narradora exhibe una concepción de dicha categoría atravesada por la necesidad de la búsqueda:

> Buscar es una palabra peliaguda cuando se trata de desaparecidos, porque en verdad no está claro que los busquemos a ellos, a ella en mi caso. Lo que se busca es un material residual, el sedimento de su vida antes y después de convertirse en esa entelequia que no es, que no está, que no existe (Dillon 21).

El desaparecido es un estado que no se puede definir con precisión: no puede ser ubicado, no sabe qué se hizo con él ni tampoco cuál fue su destino. Ni vivos ni muertos, carecen de definición concreta, siempre en los márgenes, una entelequia. Es esta naturaleza poco precisa la que lo vuelve una condición problemática puesto que se trata de "una ausencia sin nombre" (Ibid 86), entiéndase, absolutamente dual, aquel que no está pero tampoco se había ido.

Es a causa de esto que en la obra de Dillon la condición del desaparecido se plantea sin síntesis. Es decir, si los desaparecidos son seres que no están, que no son, que no existen, la narradora nos muestra qué ocurre cuando esa situación se invierte, cuando esa ausencia sin nombre se vuelve aparición. En el pasaje de desaparecida a aparecida que recorre a Marta Taboada, se abren un sinfín de interrogantes que quiebran la condición antes aludida.

La historia, de esta manera, puede ser planteada a partir de dos tiempos: los *flashbacks* que presenta la narradora en torno a su relación con la madre y demás integrantes de la familia, y el presente narrativo, donde la llamada del centro de antropólogos conlleva el retorno del cuerpo sin sepultura. Los sucesos del primer tiempo influyen y se conectan con los del segundo: una vez que los restos de Marta Taboada son hallados la protagonista recuerda lo difícil de asumir la falta. Por medio de esos recuerdos, la obra va planteando diversas posturas ante la ausencia forzada: por un lado, quienes muestran la dificultad de nombrar y poder enunciar qué fue de ese sujeto. Por el otro, la negación a asumir ese estado, omitiendo la gravedad del mismo. En este sentido, la escena de la protagonista diciéndoles a sus amigas que su mamá está desaparecida se contrapone con la acción del padre de no volver a nombrar a su ex esposa. Falta de nominalización y negación son dos respuestas que surgen al interior de la obra frente a un estado que es liminar, sin bordes precisos.

Pero lo más significativo en torno a la historia es la forma en que ese estado se vincula con un cuerpo atravesado, estallado por la ilegalidad y el poder de turno. El cuerpo -elemento central que re-corre el texto- es presentado también a partir de esa contraposición entre el pasado y el presente: Marta Taboada era un sujeto completo cuyo cuerpo era articulado y funcional. Sin embargo, una vez que es interceptado por el poder su unidad se quiebra, la articulación de sus partes se rompe. El secuestro y desaparición produce una ruptura del orden familiar[39] y un quiebre material que se exhibe en el cuerpo. Tal es así, que aquello que encuentra el grupo de antropólogos no es más que un conjunto de piezas sueltas, sin ninguna parte que lo cohesione: "-Hay cadera, hay cráneo, ¡hay un montón! - le dijo Sofía a Fidel [...] como si en esa enumeración de dos restos anatómicos no estuviera implícito todo lo que no había" (Ibid 43). El cuerpo o sus restos disociados son planteados como un objeto maleable, algo que las fuerzas represivas pueden manejar y quebrar, no sólo porque lo hagan en términos materiales (lo rompen, lo lastiman, lo destinan a una bolsa de basura) sino porque, también, quiebran la unión que éste establece con la identidad[40]. ¿Qué es un cuerpo? Es un interrogante que acorrala a la narradora y para el cual no parece encontrar respuestas concretas. La pregunta está dada, mayormente, porque es la perturbación -vinculada a un montón de huesos desarticulados- lo que irrumpe en

---

[39] Al respecto, Elizabeth Jelin refiere al acto de represión -secuestro, desaparición y tortura- como un mecanismo que actuó tanto sobre el cuerpo como sobre la privacidad de los sujetos: "el acto de represión violó la privacidad e intimidad, quebrando la división cultural entre el ámbito público y la experiencia privada" (Jelin 114); de ahí que el orden familiar perciba un quiebre en su constitución.

[40] Ana Longoni en un texto titulado "Fotos y siluetas: políticas visuales en el movimiento de derechos humanos en Argentina" plantea que con los desapa-recidos el estado pone en funcionamiento una maquinaria burocrática de desaparición y exterminio (Longoni 5). Es decir, borra de los cuerpos aquello que los hace únicos: su identidad. De esa forma, el poder estatal desmantela la relación entre el cuerpo y su identidad e imposibilita la circulación social de los sujetos.

la vida de la protagonista. El problema radica en si esa fragmentación es capaz de constituir un cuerpo y si ese conjunto de huesos dispersos puede ser Marta Taboada; "Cómo un solo hueso podría alcanzar para saber a quién perteneció ese pedazo de pierna" (Dillon 44) se pregunta. Los huesos son perturbación porque son fragmento y crueldad.

En esta línea de pensamiento, si diversas teorías han planteado al cuerpo como un todo cuyas partes otorgan entidad, una asociación de piezas que se articulan y constituyen un todo orgánico, la fragmentación que presenta la obra plantea todo lo contrario. Así Paula Telis –autora de *Mujer Basura. Performance y feminismos*- concibe al cuerpo como una conjunción de lo físico, lo mental y espiritual que constituye un sistema energético y cuyo campo de acción es insertarse en un ambiente (Telis 8). Le Breton refiere al cuerpo como el ele-mento que permite el contacto con el mundo, la marca del individuo que hace que pueda distinguirse de los otros. En él, afirma, está la carga de la identidad (Le Breton 9). Nancy, a su vez, concibe el cuerpo como un conjunto que se articula y organiza (Nancy 11). En el caso de Dillon, la articulación de partes está totalmente quebrada: no hay unidad posible. Aquello frente a lo que la posiciona el grupo de antropólogos no es más que un conjunto de huesos a los cuales –finalmente- se les puede adjudicar un nombre pero no la unidad orgánica que era su madre cuando fue captada: "se trataba de Ella. Los retazos que habían quedado de ella, fijos, nítidos" (Dillon 21). De esta forma, los restos hallados exhiben un doble movimiento: muestra en su propia desarticulación el indicio de la crueldad. Al mismo tiempo, se vuelve inquietante por lo que implica su retorno: la certeza de la muerte. El estado del desaparecido se cierra porque su estado se vuelve nombrable: ya no se trata de una ausencia impuesta sino que ahora se puede materializar esa muerte y darle un sentido. Sin embargo, no resuelve la ausencia ya encarnizada, puesto que no se trata solamente de pasar a tener un lugar concreto donde enterrarla sino, fundamentalmente, de restituirle a ese conjunto de restos la condición de individuos, devolverle a su dueña la condición de sujeto social. Aunque

Marta Taboada es restablecida a la condición de individuo que le fue sustraída cuando la capturaron, no logra retornar a la cotidianidad, -tampoco su cuerpo vuelve de la forma en que fue expropiado- la incorporación a los espacios públicos y privados ya no es posible. Es por ello que su aparición se vuelve inquietante y se muestra sin síntesis, porque en los restos se plantea esta doble situación: el cuerpo que retorna, pero totalmente violentado. Lo que vuelve a la esfera social es lo que resta de esa corporalidad y no su constitución total. Sin embargo, sí se alcanza a restituir la condición de sujeto social ya que se les devuelve todo lo que les fue quitado[41]: una identidad, una historia, una sepultura.

En esta línea de pensamiento, los huesos son ese elemento disruptor que logran "rescatar de las sombras algo concreto" (Dillon 25). Funcionan como sinécdoque porque indican tanto lo que se fue como lo que ya no se es. Llevan en su sola reaparición el indicio del terror vivido, de lo que el poder asociado a la ilegalidad es capaz de hacer con la materialidad del cuerpo. Son lo tangible, los restos existen porque hubo un cuerpo antes. Su irrupción, así como el indicio de la muerte en la cotidianeidad de la protagonista se vuelven un hecho inquietante porque alteran ese orden que la ausencia había establecido. Es por este motivo que no traen alivio sino, muy por el contrario, exponen a la narradora y protagonista ante:

> [U]n montón de preguntas, un dolor de muerte reciente, la sensación de haber sido tocada por una varita mágica, *elegida para oficiar una ceremonia de adiós a quien no estaba y nunca se había ido* (...) Pero yo ya había aprendido a convivir con la presencia constante

---

[41]Jelini refiere al retorno de los cuerpos desaparecidos como una restitución de lo público pero, también, de lo íntimo. Los cuerpos secuestrados y desaparecidos dejan de tener un anclaje privado para constituirse en algo público: su búsqueda no concierne solo a la familia, concierne a la totalidad de la población. Lo mismo ocurre con Marta Taboada, no se trata de un hecho meramente indi-vidual sino que se vuelve "cosa pública" y hay que "reponer su lugar en la historia" (Dillon 197).

de la ausencia sin nombre cuando mamá se convirtió en una aparecida. (Dillon 86. El subrayado es mío)

La cotidianidad se quiebra. Esa ausencia asimilada pero sin explicación es alterada cuando se vuelve algo tangible: la muerte se hace cuerpo y es solo en ese momento que la autora dimensiona lo que ocurrió con su madre pero, al mismo tiempo, abre todo un conjunto de preguntas. No hay síntesis porque no hay solución: en 1977 se llevaron el cuerpo vivo de Marta Taboada, muchos años después se le devuelve a su familia un conjunto de huesos que -hay que suponerse corresponde con esa identidad quebrada. No hay posibilidad de síntesis porque los huesos traen a la escena pública lo que había permanecido en la clandestinidad, pero no el sujeto desa-parecido. Sus restos exhiben el doble despojo: por un lado, físico —el cuerpo despojado de su propia carne- y por el otro, social/cultural —el cuerpo borrado de la vida misma, eliminada la unión que constituye con su historia, su identidad y su propio nombre (síntesis de todo lo demás).

A modo de conclusión es posible afirmar que en la obra el estado del desaparecido no logra ser integrado por medio de una síntesis porque lo que retorna no es vida sino muerte. Los restos dejan en evidencia que esa acción tuvo lugar, la muerte ocurrió y no hay reverso de ella. La categoría del desaparecido se cierra, pero por la negativa: se logra la sepultura pero no se alcanza la restitución del sujeto social que fue sustraído: "la vida y la muerte se entrelazaban como zarcillos de una enredadera que socavan el muro que la enamora. *Los límites eran difusos.* Su retorno me abrazaba" (Dillon 188. El subrayado es mío). El estado de desaparecido se establece en los márgenes, ni vivo ni muerto, pura ausencia pero, a la vez, presencia desde las sombras. No hay resolución sino tensión constante.

Bibliografía

Dillon, Marta. "El día en que el duelo fue posible", en *Página 12*, 2009. https://www.pagina12.com.ar/diario/elpais/1-129701-2009-08-09.html
----. *Aparecida*. Buenos Aires: Sudamericana, 2017.
Jelin, Elizabeth. "El género en las memorias". Jelin, Elizabeth. *Los trabajos de la memoria*. Madrid: Siglo XIX editores, 2002. 112-131.
Le Breton, David. *Sociología del cuerpo*. Buenos Aires: Ediciones de Nueva Visión, 2012.
Longoni, Ana. "Fotos y siluetas: políticas visuales en el movimiento de derechos humanos en Argentina", en *Aletheia*, Volumen 8, N°16, Buenos Aires, 2018. 1-14.
Nancy, Jean Luc. *58 Indicios sobre el cuerpo. Extensión del alma*. Buenos Aires: Ediciones La cebra, 2007.
Saporosi, Lucas. "Entrevista a Marta Dillon: Amor, memoria y materialidad", en *Aletheia*, Volumen 8, N°15, Buenos Aires, 2017. 1-11.
Telis, Paula. *Mujer basura. Performances y feminismos*. Buenos Aires: Milena Caserola, 2015.

María Belén Giannini
Universidad de Buenos Aires

El cuerpo anulado: identidades no hegemónicas en *Chicas muertas* de Selva Almada y en *Himenoplastía* de Regina Galindo

> ¿Qué es ser mujer? Esta misma pregunta nos conduce a algo que resulta bastante difícil en la práctica, nos conduce al esencialismo. ¿Hay algo que define esencialmente a la mujer? (...) De acuerdo con los genitales con los cuales nacimos, el sistema patriarcal ha decidido que tenemos que actuar de determinada manera. (...) Ser transgénero es tener una actitud muy íntima y profunda de vivir un género distinto al que la sociedad asignó a su sexo.
> Lohana Berkins

Durante la segunda década del siglo XXI, las corporalidades no hegemónicas dentro de la cultura patriarcal han representado los cambios políticos y sociales. La aparición de las identidades transgénero rompe con la normativización cisgénero y el sistema al que éste pertenece. Para analizar el cuerpo en este contexto histórico y político actual, tomaremos la categoría cuerpo anulado para referirnos a las identidades no hegemónicas dentro de una cosmovisión binaria. En ella se produce una sola representación: la de mujer cisgénero. Se emplearán el término "transgénero" para referirnos a las personas cuya identidad de género es diferente del sexo que se les asignó al nacer y cisgénero para quienes su identidad de género coincide con el sexo que le fue asignado al nacer. Para definir el cuerpo, se utilizará la definición de Jean Luc Nancy en *Corpus*: "es una imagen ofrecida a otros cuerpos, todo un corpus de imágenes que pasan de un cuerpo a otro, colores, sombras, (...) uñas, pelos, tendones, cráneos, costillas, pelvis, vientres, meatos, espumas, lágrimas, dientes, babas, fisuras, bloques, lenguas, sudores, licores, venas (...)" (85). Por lo tanto, para asegurar su existencia es necesario que otros lo perciban como tal y que sus partes sean contextualizadas dentro de un territorio. Es decir que sea materializado para dar cuenta de su presencia dentro de esa cosmovisión.

Las corporalidades que dialogan en la novela *Chicas muertas* del año 2014, escrita por la autora argentina Selva Almada, y la performance *Himenoplastía* del año 2004, realizada por Regina Galindo en Guatemala, se reproducen de acuerdo a la percepción que se tiene de ellas dentro de la sociedad binaria. La artista visual se especializa en performance art y centra su trabajo en las sociedades actuales y en las relaciones de poder desiguales que se tejen en ella. Ha realizado numerosos trabajos en los que ella es su propio medio de denuncia en temas como violencia, machismo y otras temáticas de denuncia social. La obra literaria nos permite cuestionar y repensar la categoría cuerpo dentro de la sociedad hegemónica de fines del siglo XX y principios del siglo XXI. La elección de estas obras permite contrastar la forma en que las corporalidades interpelan la realidad actual desde su propia identidad. Es necesario resaltar que la selección de estas obras realizadas por mujeres latinoamericanas no es arbitraria, sino que se busca poner foco en ellas.

Cuerpo e identidad: las aparecidas

La ficción *Chicas muertas* comprende el período post-dictatorial argentino que abarca desde 1983 hasta la actualidad. En esa instancia se visibilizó la desaparición de 30.000 cuerpos en condiciones de clandestinidad por parte de la última dictadura militar argentina, del 24 de marzo de 1976 al 10 de diciembre de 1983. En ella se produce una constante mención de su temporalidad y de los cambios políticos que acontecen, lo que también permite visibilizar "cuando aún se desconocía el término femicidio" (Almada 18). La identidad es un tema constante dado que la aparición de una nueva corporalidad en un territorio no sólo abarca los cuerpos femeninos, como en una primera instancia manifiesta la obra. También abarca a las víctimas del terrorismo de estado: *los desaparecidos* lindan no sólo territorialmente sino también desde su propio término con *las apa-recidas*, las chicas muertas que aparecieron, volvieron a emerger: "al principio el

Caso Quevedo, debió competir con los temas que ocupaban la agenda del flamante gobierno democrático y el interés de los ciudadanos: la apropiación ilegal de bebés y niños en la dictadura, el hallazgo de cadáveres no identificados en el cementerio de Sáenz Peña" (Almada 151). Para denominar a las víctimas de femicidio -crimen de odio hacia las mujeres- utilizaremos el término *aparecidas* dado que seguido de su desaparición, se realiza una búsqueda policial y familiar de ese cuerpo que luego es encontrado en territorios tales como descampados o basurales. Estos hechos se reproducen sistemáticamente: la desaparición, la búsqueda y la aparición del cadáver se repiten en los relatos.

En *Chicas muertas*, la narradora, al presenciar el carnaval del pueblo que visita, menciona: "Al contrario de las comparsas cariocas en esta no hay una sola travesti" (Almada 84). La construcción de la escena del carnaval se transforma en el momento propicio para extender esta frase al total del texto y abordar la siguiente afirmación: en esta obra no hay una sola travesti asesinada. La aparición de víctimas de femicidio cisgénero permitirá que nos preguntemos qué pasa con las mujeres transgénero que están ausentes en la trama, dado que en una primera instancia se describe la mutilación de un cuerpo cis, y crea una jerarquía de piezas corporales que legitiman una identidad sexual normativa: "Estaba semidesnuda y en avanzado estado de descomposición, le habían cortado los pezones y extirpado la vagina y el útero, y la yema de la mayoría de los dedos" (Almada 67). Si la aparición de mujeres cis asesinadas permitió visibilizar el término *femicidio* a lo largo de los años en territorio argentino, ¿qué sucede cuando los cuerpos no se ven? El femicidio es un asesinato violento en un contexto patriarcal que dentro del territorio argentino se puede leer, a partir de *las aparecidas*, como una proliferación de cuerpos femeninos sin vida que se impone como una acción política y de denuncia. Sin embargo, la figura de *travesticidio*, es decir el ase-sinato con saña de personas que se identifican con una identidad de género que no depende, en exclusivo, de los genitales que se portan al nacer, no ingresa en ningún momento al texto. Utilizaremos el término *las anuladas* ante la falta de representación que las víctimas de travesticidio tienen dentro de la sociedad actual.

Las *travestis* son anuladas desde lo normativo, pero esto no implica su inexistencia, sino que ingresa a la obra desde su ausencia. Esa identidad se hace presente desde la escritura, por lo tanto, no se perciben imágenes literarias que rompan con la hegemonía corporal. "Si 'la política comienza y termina en los cuerpos' (Nancy 54) éste también es producto de la realidad a la que pertenece porque 'obedece reglas, rituales de interacción y escenificaciones de la vida cotidiana'" (Vigarello 4). *Chicas muertas* nos presenta una tensión: la mención transgénero contrasta con la masa cisgénero de toda la obra. Lo binario se rompe ante la escritura de una corporalidad que no tiene lugar dentro del sistema pero que busca otra forma de materializarse sin imagen. Lo no binario no tiene lugar en este carnaval, así como no lo tendrá en las páginas de las noticias de los diarios ni en ningún otro medio si ellas son asesinadas. La observación se produce en un marco de marginalidad y desborde. Es omitido por esta mirada porque no pueden categorizarse dentro de ella: sin nombre, sin cuerpo, sin identidad, sin territorio que abordar. Una presencia corporal permitirá la existencia de un sujeto.

Territorio

La omisión responde a una ausencia desde lo corpóreo y lo institucional. Las mujeres travestis no tienen un territorio al que pertenecen, así como tampoco se ven intervenidas por las instituciones. En contraste, las cisgénero son registradas por autoridades médicas en autopsias y actas de defunción. Hay un sistema dentro de la sociedad que da cuenta de ello, mientras que, en este caso, sólo la narradora da cuenta de la existencia transgénero y travesti, pero esto no desemboca en una historia de vida, como sí sucede con las mujeres mencionadas anteriormente. El cuerpo travesti ingresa a un no-lugar, no existen territorios para que se presenten ya que el carnaval se sitúa como un espacio marginal y allí está cancelado. Hay una prohibición tácita regida por la mirada binaria. No se pueden reflejar, se anulan.

No hay carne, no hay sangre, no hay pensamiento, no hay exposición, no hay dolor ni sufrimiento. No hay femicidio ni travesticidio. Sin esa exposición, pierde fuerza como sujeto, como víctima. Esta perspectiva en la cual las mujeres trans y travestis no tienen territorio, impide que se perciba esa identidad sexual durante toda la novela y que se condensen interrogantes en una efímera mención durante el período de carnaval, único lugar en el que esa ausencia se menciona.

Fragmento y nulidad: composiciones de un cuerpo

La nulidad y la fragmentación son herramientas que tiene la sociedad binaria para producir cuerpos normativos. Jean Luc-Nancy también los define como "una colección de piezas, de pedazos, de miembros, de zonas, de estados, de funciones. Cabezas, manos, y cartílagos, quemaduras, suavidades, chorros, sueños, digestión, horri-pilación, excitación, respirar, digerir, reproducirse, recuperarse, saliva, sinovia, torciones, calambres y lunares" (Nancy 111). Es decir, que el cuerpo puede ser delimitado por partes que van a construir un todo que abarcará un espacio determinado. Si es una colección implica que es un conjunto de elementos de un mismo tipo, esas partes deberán responder a una norma social; por lo que el cuerpo travesti será el que altere el orden y rompa con el acuerdo tácito impuesto de no aparecer, de no ser visto, no ser buscado, de no existir allí.

En la escena del carnaval, la narración destaca determinados fragmentos de mujeres cisgénero que están sexualizados por la mirada heteronormativa y ante esta reproducción, la falta de mención de mujeres transgénero y travestis dentro de la obra provoca que estos cuerpos entren en tensión:

> Las nenas, las adolescentes en ciernes, vestidas con shortcitos y musculosas que se aprietan contra los botones de sus tetas que ya empiezan a leudar, ensayan pasitos en el lugar, quebrando las muñecas como las chicas mayores que se lucen en el corsódromo,

se critican entre ellas algún movimiento, una le explica a la otra cómo hacerlo bien. Algunos de los tipos que esperan su turno en el baño las miran. (Almada 85)

Esta fragmentación es una forma de anular cuerpos desde una mirada binaria. Por lo que podemos decir que las niñas que se fragmentan en brazos, piernas y tetas que están en un proceso de madurez incompleto son expuestas ante los ojos de un otro. Hay una consciencia de lo que se expone, la mirada se agranda; el cambio se exterioriza en la narración. Socialmente la anatomía no sólo se fragmenta, también se jerarquiza en función del deseo sexual: las mujeres se representan como objeto de consumo. Las *aparecidas*, para ser visibles y legitimadas por la sociedad, deben reunir una "colección de piezas" que el estereotipo de hombre blanco retroalimentará y presionará para que se cumplan esas normas trazadas sobre la mujer y el hombre respectivamente.

Siguiendo el lineamiento de las representaciones binarias que exige la sociedad actual, la mujer debe responder a normas morales, estéticas y sexuales. Esa mirada que anula a los cuerpos trans también anula de forma fragmentaria lo que no responde a un deseo hegemónico heterosexual. Si partimos de la idea de virginidad como un sujeto que nunca tuvo relaciones sexuales y lo reducimos a la ruptura del himen, estamos sólo teniendo en cuenta la idea de una unión heterosexual. Es decir que la mirada binaria persiste sobre estos cuerpos. En la performance *Himenoplastía*, realizada en la ciudad de Guatemala por Regina Galindo, la acción se describe como una operación quirúrgica en la cual le reconstruyen el himen para recuperar la virginidad. La hegemonía heterosexual rige la vida sexual y social. Galindo es intervenida quirúrgicamente para lograr el estrechamiento de su vagina (una operación ilegal pero habitual) como se opera a las niñas traficadas para fingir su virginidad. Hay una mirada reduccionista que se plasma en el cuerpo. Podemos ver cómo se altera lo biológico para responder a exigencias normativas de una sociedad actual. La vagina se recorta como elemento único y central del cuerpo, deja de tener identidad y se convierte sólo en un órgano. Restaurar la virginidad implica dolor y junto a ella, la acumulación de nuevas piezas dentro de ese imaginario ideal.

Esta visión reduce a la vagina como única zona erógena. La exposición quirúrgica visibiliza la restricción a todo tipo de goce, así como se anula la vida sexual previa. La sexualidad se reconstruye dentro de un plano normativo en el que "cada sociedad tiene su cuerpo, igual que su lengua, constituida por un sistema más o menos de opciones (...) Al igual que una lengua, este cuerpo está sometido a una administración social" (Vigarello párr. 4). Por lo tanto, esta performance nos permite ver cómo este cuerpo ante una visión binaria se fragmenta y su genitalidad abarca un todo. La inexistencia de la extensión corporal quita los sentimientos como dolor, sufrimiento e incluso gestos. Se reduce a una simple experimentación.

La cosmovisión binaria coloca a las corporalidades hegemónicas dentro de estas definiciones: "adolescentes" (Almada 18), "mujer" (18), "chica" (86), y "muchacha" (87). Son términos que se instalan en una franja etaria y de género determinada. Las treinta mujeres mencionadas son heterosexuales y tienen una historia de vida que se repone brevemente a partir de la aparición de sus cuerpos. Las instituciones realizan numerosas listas de femicidio, en contraste, la narradora es la única que registra la ausencia de las travestis en un marco oral e informal. Para Diana Maffía, "la sociedad disciplinadora que sólo acepta como ciudadanos a quienes cumplen con el estereotipo prefijado por el grupo hegemónico dominante, deja fuera de la ciudadanía de modo arbitrario e injusto a enormes porciones de la población" (Maffía 8). En el texto el término "travesti" sólo aparece mencionado dos veces dentro de una misma escena, por lo que la hegemonía cisgénero se ve interpelada por un cuerpo que no se puede narrar. En su efímera mención se resalta, ante el desborde de nombres e historias cisgénero, esta identidad dentro de un escenario que alcanza límites geopolíticos sobre los sujetos presentes. La mención de "las comparsas cariocas" (Almada 84) nos permite extender esta mirada comparativa fuera del territorio nacional y abarcar la idea de *travesticidio* más allá de los límites nacionales. El cuerpo anulado tiene una marca tan fuerte que crea ondas expansivas más allá de él. Todo fragmento que no responde a lo sexual y a lo reproductivo se anula, desaparece y sólo permanecen los fragmentos legítimos.

De las aparecidas a las anuladas

A partir de este trabajo pudimos dar cuenta de cómo la sociedad actual delimita desde una la mirada binaria la aparición de cuerpos dentro del contexto latinoamericano. Desde distintos territorios éste representa la denuncia social y política. Sin cuerpo no hay identidad, no hay visibilización, no hay denuncia. La percepción latinoamericana de quienes no ingresan a la hegemonía es reproducida como un cuerpo anulado o como una anulación fragmentaria. Esto se ve representado en las travestis dentro del carnaval, así como en tantos ámbitos en los que no pueden materializarse. El concepto mujer se reduce a una sola identidad sin poder dar lugar a la mujer transgénero, en consecuencia, se produce la anulación del cuerpo en el territorio.

El femicidio como acto sistemático y crimen de odio contextualiza esa corporalidad a la que pertenecen las mujeres cisgénero que también serán convertidas en fragmentos en los que se anula todo lo que no responda a su sexualidad. La identidad de gé-nero normativa dará lugar a *las aparecidas* como forma de denuncia que se produce a través de lo corporal. Regularlo a partir de un pensamiento binario lo expone a una aparición o una anulación según cómo se normativiza. Nombrar a *las anuladas* es dejar que sobre esos cuerpos ingresen el contexto y la historia, y así romper con las corporalidades binarias como única representación.

Bibliografía

Almada, Selva. *Chicas muertas*. Buenos Aires: Literatura Random House, 2016.

Berkins, Lohana. "Itinerario político del travestismo". Diana Maffía (Comp.). *Sexualidades migrantes. Género y transgénero*. Buenos Aires: Feminaria editora, 2003.

Maffía, Diana. "Introducción". Diana Maffía (comp). *Sexualidades migrantes. Género y transgénero*. Buenos Aires: Feminaria editora, 2003.

Nancy, Jean-Luc. *Corpus*. Madrid: Arena Libros S.L. 2016.

Santoro, Sonia. "La Real Academia aceptó ponerle nombre". https://www.pagina12.com.ar/diario/sociedad/3-243559-2014-04-07.html

Vigarello, G. "Histoires des corps: entretien avec Michel de Certeau". http://estafeta-gabrielpulecio.blogspot.com/2010/07/michel-de-certeau-historias-de-cuerpos.html

Romina Wainberg
*Stanford University /
Universidad de Buenos Aires*

Motion graphics: límites y potencias estético-políticas en corporalidades digitales anómalas

1. Estética tradicional, estética computacional: herramientas para el análisis de cuerpos digitales

Las últimas décadas han estado signadas por una puesta en relieve interdisciplinaria de la corporalidad, desde la perspectiva de su materialidad, su equipamiento anatómico y sus capacidades agenciales. Este énfasis se verifica tanto en el polo de los discursos publicitarios, tecnocientíficos y biomédicos más regresivos, como en las corrientes filosóficas, críticas y artísticas más disruptivas de los últimos tiempos. Entre las inflexiones filosóficas que expresan este interés, las visiones cyborg-futuristas desarrolladas por el posthumanismo y el transhumanismo han abierto preguntas reverberantes sobre la porosidad de los límites entre la humanidad y la no humanidad, y sobre la posibilidad de concebir agentes inteligentes con potencialidades previamente impensables. Por su parte, las últimas olas del feminismo han hecho hincapié en las exclusiones sobre las que se construyen las corporalidades inteligibles (posibles, pensables) en el marco de sociedades capitalistas y/o patriarcales, y han subrayado la contingencia de los límites no sólo entre los sexos generizados sino, una vez más, entre lo que parece pertenecer a la humanidad y lo que presuntamente la merodea sin permearla[42]. En lo que respecta a las

---

[42] En cuanto a las posturas posthumanistas y transhumanistas mencionadas, este trabajo toma en especial consideración las perspectivas desarrolladas por David Roden en su libro *Posthuman Life: Philosophy at the Edge of the Human* (2014) y por Donna Haraway en *Simians, Cyborgs, and Women. The Reinvention of Nature* (1991) y en *Staying with the Trouble: Making Kin in the Chthulucene* (2016). Para una aproximación inicial y panorámica a las corrientes posthumanistas y trans-humanistas, y a corrientes filosóficas adyacentes, ver "Posthumanism, Trans-humanism, Antihumanism, Metahumanism, and New Materialisms. Differences and Relations" (2013) por Francesca Ferrando. En cuanto a las corrientes postfeministas mencionadas, me refiero sobre todo al trabajo de Judith Butler en *El género en disputa* (2007) y *Cuerpos que importan* (2012), pero también a perspectivas como la desarrollada por Karen Barad en *Meeting the Universe Halfway* (2007) y por Helen Longino en "Can

manifestaciones artísticas, la publicación de *Cuerpos presentes* (2017) ha operado ella misma como evidencia de la presencia proliferante de la corporalidad en el arte contemporáneo, y en el arte específicamente latinoamericano. Esta publicación ha implicado, también, la puesta en circulación de una hipótesis sobre el interés específico que despiertan en la actualidad los cuerpos en descomposición, padecientes y anómalos.

El siguiente ensayo es un esfuerzo por remarcar la validez de esa hipótesis, ampliando su alcance mediante el análisis de obras cuya disciplina no ha sido estudiada en el primer volumen de *Cuerpos presentes* (2017). En concreto, propongo estudiar cuerpos anómalos confeccionados recientemente en entornos de *motion graphics* por el diseñador argentino Esteban Diácono, y su capacidad de saciar la sed filosófico-estética por corporalidades post-antropomórficas, reconfiguradoras de la matriz de sensibilidad epocal y anti-intuitivas en relación con sus potencialidades agenciales. Esta tarea comenzará, antes que con una operación, con una sugerencia; a saber: que las herramientas provistas por la teoría estética, focalizadas ante todo en los estudios literarios y en menor medida en el arte plástico y el film, son insuficientes a los fines de estudiar diseño digital, una de cuyas inflexiones es el *motion graphics*.

Esta insuficiencia es explicable por la ausencia de vocabulario disponible para abordar técnicamente obras producidas en estos entornos, lo que se justifica a su vez por vía de un doble fenómeno: por un lado, la ausencia de vocabulario es deudora de una ignorancia de

---

There Be a Feminist Science?" (1987). Como es o será evidente en virtud de las lecturas previas, existe un solapamiento parcial entre posturas post-antropocentristas y/o transhumanistas, y posturas feministas contemporáneas. Para considerar este debate de manera cabal, es también indispensable señalar la proliferación de estudios provenientes de la filosofía de la animalidad, una de cuyas inflexiones contemporáneas e innovadoras es la publicación de *Extraños animales* (2016) de Mónica Cragnolini. Vale por último mencionar las contribuciones provenientes del perspectivismo de Viveiros de Castro, que ha revalorizado la categoría de cuerpo como definitorio de la produc-ción de realidades y puntos de vista discernibles, y ha subrayado la plasticidad oximorónica de los conceptos de naturaleza y cultura.

la teoría estética sobre las condiciones de producción (y, por tanto, las potencialidades) del diseño digital. Por otro lado, esa ignorancia está ligada a la incipiente consideración del valor artístico del diseño digital como disciplina. En consecuencia, el estudio de la obra de Diácono deberá realizarse en conjunto con la incorporación de una batería teórica que no antecede la iniciativa de su análisis. Esta incorporación supondrá, en concreto, la articulación de conceptos y de exigencias desarrolladas en el marco de la llamada "estética computacional" (Fishwick 11).

En virtud de estas exigencias y de las que provienen de la estética tradicional, el ensayo que sigue quedará dividido en tres partes[43]. La primera parte localizará el *motion graphics* como subdisciplina específica vinculada con la estética computacional, y evaluará la disruptividad de los cuerpos creados por Diácono en relación con las potencialidades estructurales del entorno tecnológico en que fueron diseñados. Es decir, se evaluará qué tan anómalos son esos cuerpos en relación con las corporalidades potencialmente producibles mediante las tecnologías empleadas. Este enfoque exigirá ampliar la definición de 'anomalía' para referir no sólo a un desplazamiento con respecto a los cuerpos bio-políticamente normalizados, sino también a un desvío con respecto a la instrumentación normalizada de las herramientas tecnológicas en el diseño de corporalidades posibles.

La siguiente sección consistirá en una evaluación de la textura, la anatomía y la capacidad agencial de los cuerpos diseñados por Diácono desde la perspectiva de las exigencias de la teoría estética

---

[43] En adelante, llamo 'estética tradicional' a toda filosofía o teoría del arte que no se defina específicamente como 'estética computacional'. Es decir, se trata de una distinción coyuntural y metodológica, introducida a los fines de facilitar la lectura de este trabajo. A pesar de que no se ahondará aquí en el solapamiento o retroalimentación entre ambas estéticas, hacia el final del análisis resultará evidente que modificaciones introducidas en el ámbito del arte, concernientes a la estética tradicional, modifican las condiciones de pensabilidad de la estética computacional. Teniendo en vistas la proliferante incidencia de tecnologías digitales en los procesos de producción artística, es plausible argüir que criterios propios de la estética computacional aplicados efectivamente a dispositivos tecnológicos afectan, en turno, los modos de aprehensión y recepción de la estética tradicional.

tradicional, atendiendo especialmente a las demandas políticas de reconfiguración de lo sensible propias de la teoría de Jacques Ranciere (2009; 2014). El derrotero concluirá con una síntesis de las aperturas y las limitaciones de las corporalidades anómalas estudiadas, colocando especial énfasis en dos causas de estas restricciones. La primera causa supondrá la identificación de la figura del diseñador como *outsider* en relación con la definición de "artista" inferible de las estéticas tradicional y computacional. La segunda causa abordará la relación superficial que Diácono en particular establece tanto con el medio tecnológico en el que opera, como con las corporalidades que, encabalgado en la superficie de ese medio, configura.

2.1 Estética computacional: una aproximación al motion graphics desde la perspectiva de sus modos de producción

Paul Fishwick define el reino de lo computacional en tanto que "compuesto de las disciplinas de las teorías de la computación, la matemática discreta, los lenguajes de programación, las estructuras de datos, la inteligencia artificial, los entornos de interacción entre humano y máquina, los sistemas operativos, los gráficos computacionales y la visión y simulación computarizadas" (Fishwick 5). En ausencia de una dimensión apriorística del término 'estética', Fishwick define sin más la estética computacional como la postulación de la aplicabilidad y la aplicación efectiva de la teoría y la práctica artísticas en el campo de las disciplinas computacionales (Fishwick 7). Este rápido pasaje de una concepción *por default* instrumentalista o técnica a una concepción estética de la computación tiene como corolario inmediato la conversión de los agentes involucrados en las disciplinas computacionales en potenciales artistas. Las figuras de los artistas coinciden con agentes que actúan en las dos dimensiones fundamentales de lo computacional: el hardware y el software.

A grandes rasgos, los ingenieros y técnicos especializados en arquitectura de hardware son quienes se ocupan de la configuración de partes físicas de los dispositivos y sus relaciones (Miggnoneau, Sommerer 170), mientras que los programadores están encargados de escribir el código que estructura el comportamiento, la funcionalidad y la operatividad de los programas informáticos (Nake, Grabowski 66), y los diseñadores de interfaces configuran aquel espacio en que interactúan máquina y usuario (Nake, Grabowski 53)[44]. La atribución de la categoría de artista a estas figuras específicas se explica, según Fishwick, por su capacidad de afectar estructural y configuracionalmente el estado mismo de las disciplinas computacionales, en el sentido de que su trabajo puede abrir potencialidades inmersivas, interactivas y perceptuales inéditas (Fishwick 17).

El *motion graphics*, en tanto que disciplina de modelamiento y diseño digital tridimensionales, es llevado a cabo por un diseñador a través del empleo de un programa informático en principio ya creado, cuya realización ha sido tarea de programadores y diseñadores de interfaces, y cuya condición de operatividad depende de un dispositivo físico confeccionado con antelación por un arquitecto de hardware. Desde una primera aproximación, entonces, un diseñador de *motion graphics* es un usuario con amplios conocimientos especializados propios del ámbito computacional, pero no deja de ser un usuario; es decir, no opera *en* los niveles sino *sobre* los niveles de software y hardware mencionados. En cuanto que su ámbito de incidencia no modifica el estado de la computación como disciplina, sino que opera intensivamente sobre las interfaces ya manufacturadas por terceros, es capaz de crear arte de algún tipo (¿arte en formato digital?), pero no es un esteta computacional en sentido estricto.

Una segunda interpretación de la figura del diseñador de *motion graphics*, habilitada por la perspectiva de Fishwick, implica que los artistas –programadores, diseñadores de interfaces, arquitectos de hardware– no refieren a personas individuales, sino a múltiples funciones susceptibles de ser performadas por un mismo individuo. Esto sugiere que un diseñador de *motion graphics* podría operar también

---

[44] Fishwick identifica también a los matemáticos y, ante todo, a los especialistas en matemática discreta, como artistas capaces de incidir tanto en la instancia de ideación de hardware, como en los niveles de la programación y el diseño de interfaces (Fishwick 2006 9).

como diseñador de interfaces o como programador, o podría colaborar en los equipos multidisciplinarios que hoy guían el modelamiento de hardware y/o de software futuros (Malina 44). Si se concede lo anterior, es posible hipotetizar que la pertenencia de los cuerpos diseñados por Diácono a la estética computacional depende de que sus condiciones de producción hayan involucrado no sólo tareas propias del diseñador de *motion graphics* estándar, sino tareas correspondientes a los artistas computacionales. Es decir, acciones que no hacen a la relación con el programa de diseño tal como ha sido manufacturado, sino a la relación con los criterios de producción de esa manufactura. Establecer esta última relación implicaría, por tanto, no sólo la creación de cuerpos anómalos, sino una incidencia en el abanico de posibilidades de existencia de esos cuerpos, tal como son determinadas por las limitaciones de los programas de diseño y de los dispositivos en los que estos operan.

La evidencia de las condiciones de producción de los cuerpos de Diácono es rastreable, sino en sus entrevistas, en un hecho paradigmático: el de su filiación expresa con Apple, en tanto uno de los seis representantes mundiales de iMac Pro. Según la descripción del último proyecto conjunto entre la compañía y el diseñador, que culminó en un video protagonizado por figuras "de acero y vidrio" que descollan por su nivel de detalle y textura, Diácono diseñó una serie de procesos y árboles de nodos en el programa Houdini con los que deconstruyó la forma humana normal. Luego, la reconstruyó usando herramientas de fragmentación, extrusiones y deformaciones. Una vez terminado este paso, exportó el archivo a Cinema 4D para darle textura e iluminación y renderizarlo. Por último, combinó las formas con datos de captura de movimiento para que los personajes cobraran vida de manera realista[45].

---

[45] Todas las citas de Diácono y los datos técnicos sobre su proceso de creación de *motion graphics* han sido extraídos de la entrevista publicada en el sitio de iMac Pro Films en 2018. La entrevista se encuentra disponible ingresando a: https://www.apple.com/imac-pro/films/#diacono.

La explicitación del proceso de creación ofrece evidencias acerca de dos cuestiones: en primer lugar, corrobora lo que ha sido axiomáticamente postulado en los párrafos previos con referencia a la anomalía de los cuerpos diseñados por Diácono. Al hacer referencia a la conjugación entre las capturas de movimiento "realistas", la rearticulación de la "forma humana normal", los materiales acero y vidrio, y las texturas iluminadas, la descripción previa prueba el carácter no-antropomórficamente estándar de las creaciones de Diácono (ver Fig.1)[46].

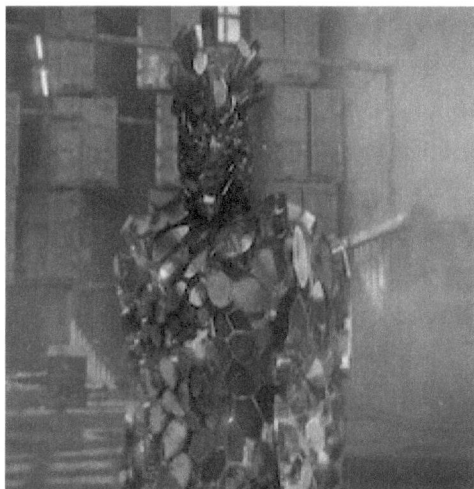

Fig. 1. Esteban Diácono, *Apple Film*, 2018.

La segunda cuestión que evidencia la descripción citada, y que es en particular pertinente para este apartado, es que la creación de estos cuerpos presupone el uso sofisticado e intensivo de múltiples herramientas de software y de varios dispositivos de hardware (iMac, cámaras de captura de movimiento), pero no supone operatividad en los niveles pertinentes a la estética computacional. Es decir, Diácono

---

[46] Todos los derechos de los videos referidos aquí son propiedad de Esteban Diácono y/o de Apple. Con aval previo del diseñador, se han incluido en este análisis *still shots* (imágenes o fotogramas) de sus obras.

opera siempre en el rol de diseñador de *motion graphics* y, por lo tanto, no encarna ninguna de las figuras del artista delineadas en los párrafos anteriores.

Esta presunción aparece corroborada en el slogan mismo del proyecto, que reza: "La Mac más poderosa de todas, llevada al límite por seis artistas visionarios". Este lema sintetiza tanto las insuperables potencialidades de Diácono en cuanto diseñador de *motion graphics*, como su ausencia de potencialidad en cuanto esteta computacional. Como usuario óptimo del software y hardware que utiliza, puede llevarlo hasta su límite. En cuanto puede empujar esas tecnologías sólo hasta su límite —es decir, al extremo de su superficie manufacturada— no accede a modificar su arquitectura, que condiciona el propio abanico de posibilidades técnicas y creativas de diseño. Esta constricción habilita entonces a la primera hipótesis de este análisis: que el diseñador de *motion graphics* es un *outsider* a los ojos de la estética computacional, y lo es en virtud de su relación superficial con las herramientas técnicas con las que opera. La superficialidad de esta relación es la que restringe apriorísticamente el *array* de combinaciones potenciales de diseño que determinan, a su vez, los modos posibles de existir de los cuerpos diseñados.

2.2 Límites de la anomalía: crítica a la creación de cuerpos apolíticos desde la perspectiva del régimen estético

Puesto que la norma en sentido biopolítico reviste un carácter negativo ante buena parte de la teoría estética y de la filosofía occidental contemporáneas, la anomalía suele aparecer por sí misma como un valor. No obstante, que ese valor sea o no estético depende de las exigencias de la propia teoría desde la que se observa. En el caso de la perspectiva de Jacques Rancière, tal como es desarrollada en *El reparto de lo sensible* (2014), la anomalía como el reverso de la norma, o como su desplazamiento aislado de una reconfiguración pronunciada del sistema de normas mismo, no pertenece por necesidad al régimen estético. De acuerdo con Rancière, definir ese régimen "implica pensar a un mismo tiempo cómo se redefinen las relaciones entre el dominio del arte y otros dominios, sobre todo la política" (Rancière 2009 586). Un paso más allá, implica redefinir políticamente esas relaciones de dominio, lo que equivale a producir una transformación no modesta sino sistémica en el territorio de lo "sensible común" (Rancière 2014 65). Es decir, en ese espacio de sensibilidad básica compartida en el que se disputa no sólo lo que es pensable, visible y decible en una coyuntura específica, sino a quién le es dado ejercer las acciones del pensamiento y la palabra.

Esto quiere decir que, de manera análoga a la estética computacional, la estética rancieriana postula un conjunto de exigencias en virtud de las cuales un objeto puede o no ser considerado parte del régimen estético. Por extensión y en forma retroactiva, aquel que ha producido el objeto queda o no identificado con la figura del artista. Si bien el criterio de pertenencia es aquí también reconfigurador de una disciplina, no sólo es esa disciplina el arte mismo en lugar de la computación, sino que en virtud de la reconfiguración del arte se producen modificaciones de escala tanto perceptual como política[47]. O bien, la demanda de Rancière no es sólo producir innovaciones en los ámbitos de lo perceptible, lo decible y lo pensable, sino innovar de manera tal que quede políticamente redistribuido quién puede ejercer qué en esos ámbitos. Amén de que la exigencia de Rancière es en este sentido de mayor alcance que la de Fishwick, el primero no exige que las modificaciones producidas surjan por obligación de una intervención en la arquitectura de los medios técnicos empleados. En este marco, el análisis de la pertenencia de la obra de Diácono al ré-

---

[47] Bien podría argüirse que modificaciones en el terreno del arte, que son habilitadas o modifican el campo de la estética computacional, tienen alcances reconfiguracionales de orden político. No obstante, la exigencia de alcance político del acontecimiento artístico no aparece de manera explícita en la compilación de Fishwick.

gimen estético puede desprenderse de un análisis detallado de las corporalidades en efecto confeccionadas por el diseñador, sin reparar necesariamente en sus modos de producción.

El espectro de modalidades en que se materializan estas corporalidades puede apreciarse por vía del examen de tres criaturas correspondientes a tres proyectos, el último de los cuales ha sido mencionado en párrafos anteriores: *I Love Music* (2017), *Magic* (2018) y *Apple film* (2018). Con objeto de no reducir las potencialidades de estas criaturas a uno u otro de sus rasgos visibles, ellas serán referidas en principio y respectivamente como *Anatomía_1*, *Anatomía_2* y *Anatomía_3*. *Anatomía_1* es una de las primeras corporalidades que aparecen en la pieza *I Love Music* y está constituida por lo que parece oro semi-líquido o maleable del cuello hacia las extremidades, con consistencia sólida en la sección del cráneo (ver Fig. 2). En términos de su dimensión agencial, el cuerpo parece menos moverse que estar siendo movido por fuerzas desconocidas que lo impactan y que, al impactarlo, lo moldean en su semi-liquidez.

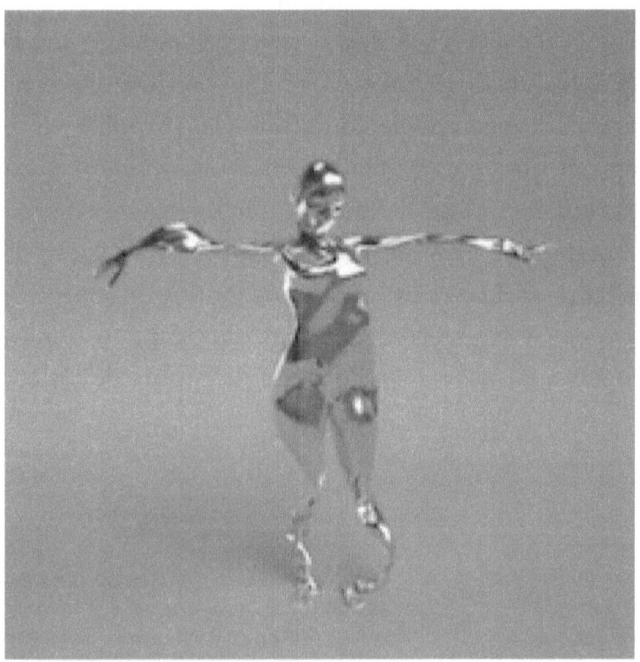

Fig. 2. Esteban Diácono, *I Love Music*, 2017

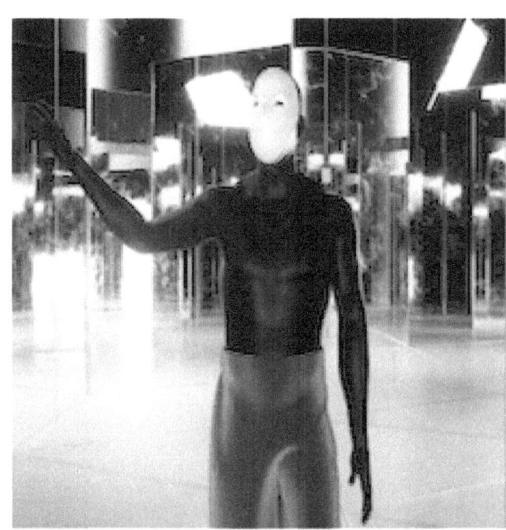

Fig 3. Esteban Diácono, *Magic*, 2018.

Anatomía_2 es, por su parte, el único cuerpo que aparece en la pieza audiovisual *Magic* (ver Fig. 3). En principio, se trata de una corporalidad antropomórfica que pareciera estar cubierta de pigmento negro, y que usa lo que parece ser una máscara blanca (pero bien podría ser parte de su constitución anatómica estable). Al interactuar con una frontera de espejos que son portales hacia dimensiones todas espejadas, *Anatomía_2* adquiere alternativamente las capacidades de secretar polvo en la paleta de los colores pálidos y de secretar pintura en la paleta de los colores cálidos (ver Fig. 4 y Fig. 5). En términos de su dimensión agencial, esta figura no hace sino moverse de manera análoga a la humana, traspasando portales espejados con caminatas cuyo acompasamiento está cuidadosamente sincronizado con la melodía del *clip*.

Anatomía_3 compromete el proyecto más actual de Diácono y exhibe similaridades y desplazamientos ostensibles con respecto a las anatomías antes descriptas. En cuanto a su materialidad, *Anatomía_3* ha sido caracterizada por su diseñador como "criatura de cristal y acero". Compuesta por cilindros de distintos tamaños que producen efectos de iridiscencia al interactuar con la luz fluorescente o aparentemente natural, la criatura se asemeja a *Anatomía_1* en virtud de su apariencia metálica (ver Fig. 6).

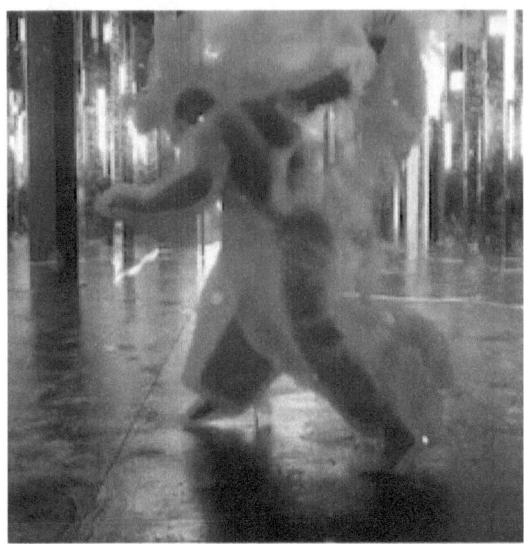

Fig 4. Esteban Diácono, *Magic*, 2018.

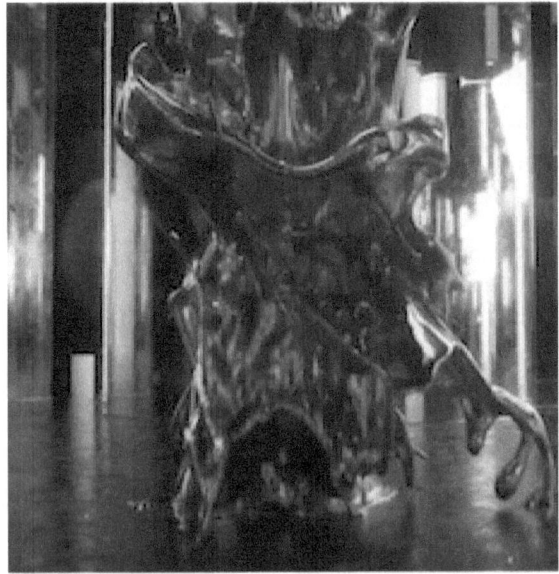

Fig 5. Esteban Diácono, *Magic*, 2018.

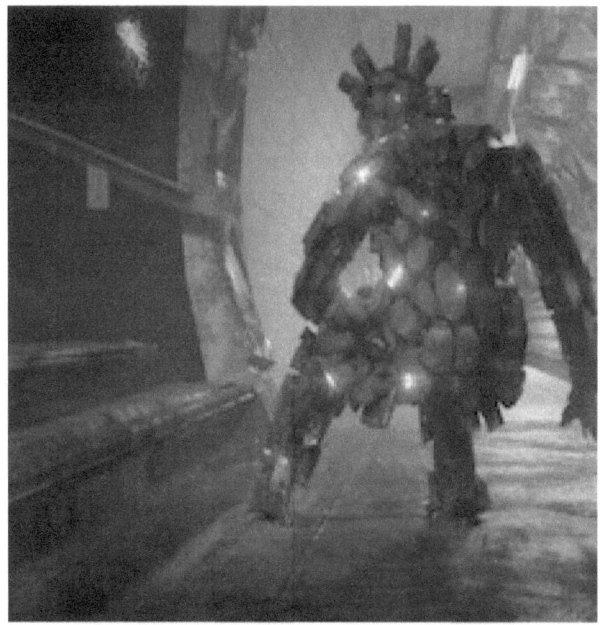
Fig 6. Esteban Diácono, *Apple film*, 2018

En su capacidad de excretar polvo y pintura de forma intermitente, se asemeja a *Anatomía_2* (ver Fig. 7). No obstante, *Anatomía_3* exhibe también la facultad de trabajar en el espacio con la pintura que secreta, no en el área restringida de un lienzo o con una trayectoria figurativa en progreso, como sería propio de la emulación convencional de un artista, sino de manera en apariencia intuitiva y sobre los espacios urbanos que Diácono (re)produce en su obra (ver Fig. 8). La última criatura también aparenta poseer mayor fuerza física que las anatomías previas: a distancia de la fragilidad visible de *Anatomía_1* y del espectro agencial ordinario de *Anatomía_2*, *Anatomía_3* posee la capacidad de saltar u elevarse en forma cuasi-suprahumana y de correr a gran velocidad.

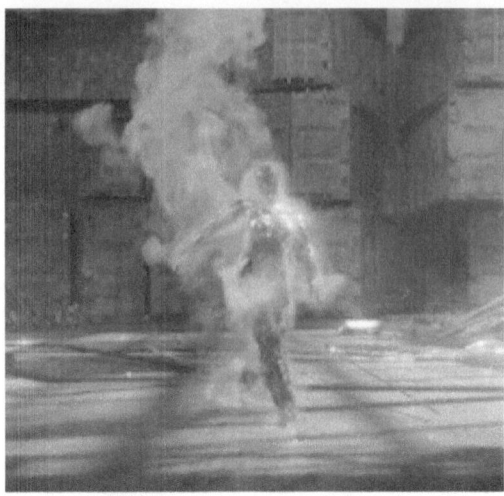

Fig 7. Esteban Diácono, *Apple film*, 2018

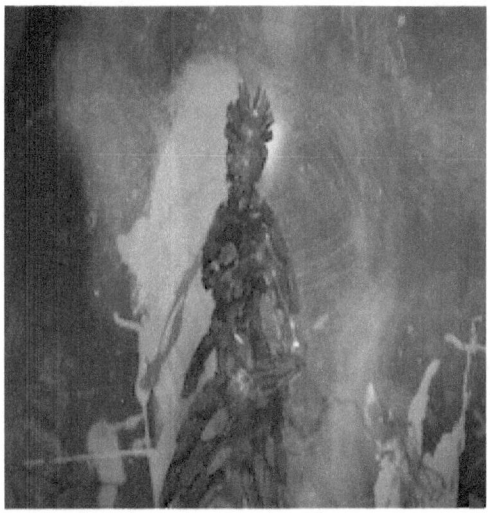

Fig 8. Esteban Diácono, *Apple film*, 2018

Esta combinación entre movimientos humanos y apariencias anatómicas no antropomórficas es la que crea el espacio de indecibilidad que Diácono denomina su "valle de lo siniestro". Es decir, un ámbito de vacilación irresoluble entre familiaridad y extrañeza ante la contemplación de las criaturas diseñadas. Ese efecto que Diácono atribuye a sus creaciones encuentra eco también en la recepción de los críticos, para quienes las criaturas digitales arriba expuestas están atravesadas por una tensión entre lo humano y lo no humano (Jobson), o entre lo conocido y lo desconocido (Smith). No obstante, la concentración en la apariencia refulgente de esas corporalidades enmascara su reducido ámbito y posibilidad de acción. En todos los casos, los movimientos ejercidos se reducen a bailes sutiles, saltos magistrales o caminatas solitarias en ámbitos apartados de una articulación potencialmente colectiva o comunitaria. La única interacción que aparece entre más de una criatura es una pelea entre dos cuerpos en el marco del *Apple film*, cuya motivación es opaca (o bien, está girada a potenciar la espectacularidad del juego apolíneo entre cromo y espejos).

A la luz de esta perspectiva, los efectos de dislocación, extrañamiento e incomodidad asociados a la obra de Diácono (Bravo, Hurst; Jobson; Nunes) aparecen como una suerte de fuego de artificio instantáneo sin constelación articulable. Es decir, la unicidad de los cuerpos aislados que produce un inmediato efecto visual no reverbera exponencialmente en el terreno agencial de manera que se produzca un impacto en la redistribución de qué es y quiénes pueden lo posible[48]. Esta limitación agencial de las corporalidades de Diácono, evidenciada no sólo en la capacidad restringida de los cuerpos individuales sino en su incapacidad de generar lazos comunitarios, acaba obturando la posibilidad de considerar su obra como partícipe del régimen estético.

La observación previa permite arribar, por fin, a la segunda hipótesis central de este análisis: Esteban Diácono es un *outsider* a los ojos de la estética rancieriana, y lo es en virtud de su relación superficial con las criaturas que diseña, cuyo modo de existencia queda casi completamente reducido a su apariencia refulgente. La superficialidad subyacente a este criterio de diseño restringe la agencialidad de

---

[48] Cabe aventurar también que, en la medida en que el impacto visual se produce en los límites de la intensidad prevista por los dispositivos tecnológicos masivamente manufacturados, no constituye ninguna disrupción con respecto a la matriz de perceptibilidad de los espectadores de la obra.

los cuerpos diseñados, de manera tal que queda vedada su capacidad de ejercer rearticulaciones en el territorio de lo sensible común.

3. Potencias del cuerpo anómalo: apuntes para la producción de obras futuras

Los apartados anteriores han tendido a corroborar las hipótesis presentadas en el primer parágrafo. Estas conjeturas han sugerido que la obra de Diácono no colma ni las exigencias de la estética computacional, ni las exigencias de la estética rancieriana, en virtud de dos relaciones superficiales establecidas en dos niveles diferenciados de operatividad: en el caso de la estética computacional, la superficialidad de la obra de Diácono se infiere de que su ámbito de acción es el del uso intensivo de software enlatado, en lugar de incidir en los niveles configuracionales de ese mismo software y de los dispositivos de hardware en los que opera. Esta superficialidad posee efectos en los cuerpos diseñados de hecho, en la medida en que ella no altera a priori las posibilidades estructurales del espectro de cuerpos diseñables. En el caso del régimen estético de Rancière, cuyo análisis actúa en el nivel de las corporalidades tal como han sido ya plasmadas por el diseñador en la obra, la superficialidad aparece en tanto que atribución de cualidades predominantemente aparenciales a las criaturas diseñadas. Este enfoque casi completo en la apariencia de las criaturas, así como la exposición con frecuencia aislada de sus cuerpos, redundan en una doble imposibilidad agencial: aquella que atañe a la capacidad específica de reconfigurar mediante acciones concretas la redistribución de lo sensible común, y aquella que, vinculada con la anterior, refiere a posibles modalidades de articulación comunitaria y/o colectiva entre criaturas.

No obstante, es pertinente considerar una vez más las potencialidades de las creaciones de Diácono en virtud de una cualidad incontestable: su anomalía. Es decir, su apariencia distanciada de las corporalidades antropomórficas normalizadas bio-políticamente. Esta anomalía aparencial, vista a la luz de los persistentes efectos de extrañamiento e incomodidad que produce a los ojos de los críticos ya citados, es recuperable si se la aprehende no como un punto de arribo (como atributo de una criatura acabada), sino como el punto de partida de futuras obras. Es decir, en cuanto apariencia-semilla que invita a la exploración de sus anatomías potencialmente subyacentes. Esas anatomías, como ampliaciones de los atributos agenciales confe-ridos a las criaturas en las obras que les dieran origen, o como amplificaciones del conjunto de acciones realizables por un colectivo de seres en virtud de su ensamblaje, permiten retener la obra de Diácono en el radar de las estéticas contemporáneas. Esta retención invita, en simultáneo, a una colaboración intra- e inter- disciplinaria que replique la exigencia de articulación colectiva no sólo en el nivel de la obra de arte, sino en el nivel del proceso de creación artística.

Bibliografía

Bravo, Eduardo y Marcus Hurst. "Esteban Diácono: el científico loco del cuerpo humano", 2017. https://youtu.be/oSKNZilqO0U.

Barad, Karen. *Meeting the Universe Halfway: Quantum Physics and the Entanglement of Matter and Meaning*. Durham: Duke University Press, 2007.

Butler, Judith. *Cuerpos que importan. Sobre los límites materiales y discursivos del "sexo"*. Buenos Aires: Paidós, 2012.

---. *El género en disputa: el feminismo y la subversión de la identidad*. Buenos Aires: Paidós, 2007.

Diácono, Esteban. Entrevista realizada para iMac Pro, Apple.

https://www.apple.com/imac-pro/films/#diacono.

Ferrando, Francesca. "Posthumanism, Transhumanism, Antihumanism, Metahumanism, and New Materialisms. Differences and Relations", en *Existenz*, año 8, n° 2, Boston: Karl Jaspers Society of North America, 2013, pp. 26–32.

Fishwick, Paul, editor. *Aesthetic Computing*. MIT Press: Cambridge, MA, 2006.

Haraway, Donna. *Staying with the Trouble: Making Kin in the Chthulucene*. Durham: Duke University Press, 2016.

---. *Simians, Cyborgs, and Women. The Reinvention of Nature*. Nueva York: Routledge, 1991.

Jobson, Christopher. "Wildly Absurd Experimental Body Animations by Esteban Diacono", en *Colossal*, 2017. http://www.thisiscolossal.com/2017/06/wildly-absurd-experimental-body-animations-by-esteban-diacono/.

Longino, Helen. "Can There Be a Feminist Science?", en *Hypatia:: A Journal of Feminist Philosophy*, año 2, n° 3, Hoboken: Wiley-Blackwell, 1987, pp. 51–64.

Malina, Roger F. "A Forty-Year Perspective on Aesthetic Computing in the *Leonardo* Journal". *Aesthetic Computing*. Editado por Paul Fishwick. MIT Press: Cambridge, MA, 2006. 43–52.

Mignnoneau, Laurent y Christa Sommerer. "From the Poesy of Programming to Research as Art Form". *Aesthetic Computing*. Editado por Paul Fishwick. MIT Press: Cambridge, MA, 2006. 169–184.

Montes, Alicia y María Cristina Ares, compiladoras. *Cuerpos presentes. Figuraciones de la muerte, la enfermedad, la anomalía y el sacrificio*. Buenos Aires, Los Ángeles: Argus-a, 2017.

Nake, Frieder y Susanne Grabowski."The Interface as Sign and as Aesthetic Event". *Aesthetic Computing*. Editado por Paul Fishwick. MIT Press: Cambridge, MA, 2006. 53–70.

Nunes, Andrew. "Get Physical with Esteban Diacono's Unbelievable Body Animations", en *Vice*, 2017. https://creators.vice.com/en_us/article/78eggz/esteban-diacono-motion-graphics-body-animations.

Roden, David. *Posthuman Life: Philosophy at the Edge of the Human*. Londres: Routledge, 2014.

Rancière, Jacques. *El reparto de lo sensible*. Buenos Aires: Prometeo, 2014.

---. *Et tant pis pour les gens fatigues*. París: Editorial Ámsterdam, 2009. Citado y traducido por Alberto Bejarano en "Estética y política en Jacques Rancière. Genealogías de una obra en curso", en *Revista de estudios sociales*, año 12, n° 35, Bogotá: Colombia, 2010, pp. 168–171.

Smith, Andy. "Esteban Diacono Crafts Absorbing, Humorous Animations", en *Hi Fructose*, 2017.

http://hifructose.com/2017/02/20/esteban-diacono-crafts-absorbing-humorous-animations/.

DATOS DE LOS AUTORES

María Cristina Ares. mariacristinaares@gmail.com

Profesora de Enseñanza Media y Superior en Filosofía, Licenciada en Letras y Profesora de Enseñanza Media y Superior en Letras por la Facultad de Filosofía y Letras de la Universidad de Buenos Aires (UBA). Es Profesora Adjunta de la cátedra de Estética del Departamento de Artes de la Universidad de Buenos Aires (UBA) y docente de la cátedra de Teoría Literaria II del Departamento de Letras de la misma Universidad. Es investigadora en el Proyecto UBACYT en el área de Teoría Literaria y Codirectora del Proyecto PRIG (Proyecto de Reconocimiento Institucional-UBA) en el área de Estética en Artes y Codirectora del Proyecto PRIG en el área de Teoría Literaria en Letras. Organizadora de las *Jornadas Cuerpo y Violencia en la literatura y las artes visuales contemporáneas* en la UBA. Es autora de varios artículos y ha participado en varios libros entre los que figuran: *Cuerpos presentes. Figuraciones de la muerte, la enfermedad, la anomalía y el sacrificio; Otro mapa de la violencia. Enfoques teóricos, recorridos críticos; Cuestiones de arte contemporáneo. Hacia un nuevo espectador en el siglo XXI; Estéticas de lo extremo; De memoria. Tramas literarias y políticas: el pa-sado en cuestión; Vanguardias revisitadas. Nuevos enfoques sobre las vanguardias artísticas.*

Daniela Giménez. dagimenez91@gmail.com

Profesora de Enseñanza Media y Superior en Letras por la Facultad de Filosofía y Letras, Universidad de Buenos Aires (UBA). Se desempeña como docente de las asignaturas Lengua y Literatura en el nivel secundario de la Provincia de Buenos Aires. Desde 2017 forma parte del Proyecto de Reconocimiento Institucional (PRIG - FFyL/UBA): "Cuerpo presente. Enfermedad y muerte en la literatura y las artes visuales argentinas y latinoamericanas contemporáneas", dirigido por la Dra. Alicia Montes. Asimismo, integra el Programa de Extensión "Memorias Recientes" en la FFyL/UBA, en donde explora la conexión entre los discursos del pasado, los modos de recordar y la identidad.

Iván Alexis Gordin. ivangordin15@gmail.com

Licenciado y profesor en Artes, Facultad de Filosofía y Letras, Universidad de Buenos Aires. Se ha desempeñado como adscripto en las cátedras de Antropología de la Música y Estética, UBA. Es miembro del PRIG "Cuerpo presente. Enfermedad y muerte en la literatura y las artes visuales argentinas y latinoamericanas contem-poráneas". Actualmente está cursando la Maestría en Estudios Literarios en la Facultad de Filosofía y Letras, Universidad de Buenos Aires. Ha publicado "Construcción y deconstrucción del álbum de música como concepto contrahegemónico: industria cultural y sellos discográficos en Buenos Aires (1969 – 1987)" en las Actas de las Primeras Jornadas Nacionales "El Rock: Un imaginario extenso" – Centro Cultural de la Cooperación.

Esteban Luciano Juárez. estebanljuarez@outlook.com
Adscripto a la cátedra de Teoría Literaria II (2015-2017). Miembro del PRIG "Lecturas de la sincronía: literaturas latinoa-mericanas y ¨poesía de los 90¨" y "Cuerpo presente. Enfermedad y muerte en la literatura y las artes visuales argentinas y latinoamericanas contemporáneas". Investigador en el Proyecto Ubacyt "Representaciones de la violencia. Perspectivas estéticas y políticas, planteos teóricos, nuevas manifestaciones y formas de expresión". Ha publicado el artículo "Cáscaras vacías: aproximaciones al cuerpo en el fenómeno zombi y sus desvíos en *Berazachussets* de Ávalos Blacha", en *Dossier de las I Jornadas Internacionales Cuerpo y Violencia en la Literatura y las Artes Visuales Contemporáneas*.

Alicia Montes. alisumontes@gmail.com
Es doctora en Literatura por la Facultad de Filosofía y Letras, Universidad de Buenos Aires y ha obtenido un diploma posdoctoral en Humanidades y Ciencias Sociales en la misma institución. Se desempeña como docente en la cátedra de Teoría Literaria II, Facultad de Filosofía y Letras, Universidadde Buenos Aires, donde también es miembro de un proyecto UBACyT, desde el año 2000, y dirigió un PRIG (2016-2018): "Cuerpo presente" . Ha dictado cursos y conferencias como profesora invitada en la Universidad de Frankfurt, Alemania; Universidad Rennes 2, Francia, y Universidad de Estocolmo, Sueciay Universidad de San Pablo, Brasil. Además, ha sido Directora Académica de la Revista Entrelíneas, FCS, UBA. En el campo de la producción universitaria es autora de *Políticas y estéticas de la experiencia urbana en la crónica contemporánea* (2013) y *De los cuerpos travestis a los cuerpos zombis. La carne como figura de la historia* (2017); Com-

piladora y coautora de *Cuerpos Presentes, figuraciones de la muerte, la anomalía, el sacrificio y la enfermedad* (2017); y coautora en los libros *Otro mapa de la violencia* (2017); *Cultura popular/cultura de masas* (2000); *Letrados iletrados. Representaciones de la cultura popular* (1999; *De memoria. Tramas literarias y política: el pasado en cuestión* (2008). Ha publicado, también, numerosos artículos en revistas nacionales e internacionales.

Dámaso Rabanal Gatica. damrab31@gmail.com

Doctor en Literatura - Becario CONICYT - y Magíster en Letras, mención Literatura (Pontificia Universidad Católica de Chile); Licenciado en Educación, Profesor de Castellano y Comunicación y Magíster en Didáctica de la Lengua Materna (Universidad del Bío-Bío); Diplomado en Estudios de Género (Universidad de Chile). Profesor del sistema escolar y de distintas universidades, públicas y privadas de Chile, dictando cursos de Literatura Chilena e Hispanoamericana, Didáctica de la Lengua y la Literatura y Seminario de tesis. Actualmente es Asistente de Posgrado en la Facultad de Letras de la Pontificia Universidad Católica de Chile y Profesor de literatura en la Universidad Academia de Humanismo Cristiano.

Julieta Sbdar Kaplan. julietasbdar@gmail.com

Licenciada en Letras por la Universidad de Buenos Aires, docente y poeta. Se ha desempeñado como profesora de literatura en colegios secundarios y como tallerista en Centros Socioeducativos de Régimen Cerrado (Programa de Extensión en Cárceles, FFyL, UBA). Es adscripta de las materias "Teoría Literaria II" y "Teoría y Análisis Literario 'C'" de la misma facultad. Integra el Proyecto de Reconocimiento Institucional "Cuerpo presente. Enfermedad y muerte en la literatura y las artes visuales argentinas y latinoamericanas contemporáneas" desde 2017. Además, forma parte del Ubacyt "Escribir en la cárcel: teorías, marcos, acciones". En la actualidad, está por comenzar una maestría en Estudios de Género en la Universidad París VIII.

Jennifer Lourdes Videla. videlajennifer@hotmail.com

Estudiante avanzada de la Licenciatura en Letras con orientación en Literatura latinoamericana y argentina de la Facultad de Filosofía y Letras de la Universidad de Buenos Aires (UBA).

María Belén Giannini. mariabelen.giannini@gmail.com

Estudiante avanzada de la Licenciatura en Letras con orientación en Literatura latinoamericana y argentina de la Facultad de Filosofía y Letras de la Universidad de Buenos Aires (UBA).

Romina Wainberg. rwain@stanford.edu

Especialista en Escritura Narrativa por Casa de Letras, Licenciada en Letras por la Facultad de Filosofía y Letras de la Universidad de Buenos Aires y Magíster en Estudios Hispanoparlantes por la Universidad de Glasgow. Fue docente de la cátedra de Comunicación del Instituto Tecnológico de Buenos Aires, dictó talleres de escritura creativa en diversos espacios culturales independientes y fue profesora asistente de literatura en Stanford University, donde se desempeña actualmente como instructora de español. Como investigadora, participó de proyectos de grado y de posgrado vinculados con la teoría literaria, la estética y las teorías críticas de la corporalidad; su tesis de maestría, desarrollada en este marco, analiza el vínculo entre normatividades de género y literatura argentina contemporánea. Es doctoranda en Culturas Ibéricas y Latinoamericanas en la Universidad de Stanford, California, E.E.U.U.

Otras publicaciones de Argus-*a*:

Karina Mauro (compiladora)
Artes y producción de conocimientos.
Experiencias de integración de las artes en la universidad

Jorge Poveda
La parergonalidad en el teatro.
Deconstrucción del arte de la escena como coeficiente de sus múltiples encuadramientos

Gustavo Geirola
El espacio regional del mundo de Hugo Foguet

Domingo Adame y Nicolás Núñez
Transteatro: Entre, a través y más allá del Teatro

Yaima Redonet Sánchez
Un día en el solar, expresión de la cubanidad de Alberto Alonso

Gustavo Geirola
Dramaturgia de frontera/Dramaturgias delcrimen.
A propósito de los teatristas del norte de México

Virgen Gutiérrez
Mujeres de entre mares. Entrevistas

Ileana Baeza Lope
Sara García: ícono cinematográfico nacional mexicano, abuela y lesbiana

Gustavo Geirola
Teatralidad y experiencia política en América Latina (1957-1977)

Domingo Adame
Más allá de la gesticulación. Ensayos sobre teatro y cultura en México

Alicia Montes y María Cristina Ares (compiladoras)
Cuerpos presentes. Figuraciones de la muerte, la enfermedad, la anomalía y el sacrificio.

Lola Proaño Gómez y Lorena Verzero / Compiladoras y editoras
Perspectivas políticas de la escena latinoamericana. Diálogos en tiempo presente

Gustavo Geirola
Praxis teatral. Saberes y enseñanza. Reflexiones a partir del teatro argentino reciente

Alicia Montes
De los cuerpos travestis a los cuerpos zombis. La carne como figura de la historia

Lola Proaño - Gustavo Geirola
¡Todo a Pulmón! Entrevistas a diez teatristas argentinos

Germán Pitta Bonilla
La nación y sus narrativas corporales. Fluctuaciones del cuerpo femenino en la novela sentimental uruguaya del siglo XIX (1880-1907)

Robert Simon
To A Nação, with Love: The Politics of Language through Angolan Poetry

Jorge Rosas Godoy
Poliexpresión o la des-integración de las formas en/desde La nueva novela *de Juan Luis Martínez*

María Elena Elmiger
DUELO: Íntimo. Privado. Público

María Fernández-Lamarque
Espacios posmodernos en la literature latinoamericana contemporánea: Distopías y heterotopíaa

Gabriela Abad
Escena y escenarios en la transferencia

Carlos María Alsina
De Stanislavski a Brecht: las acciones físicas. Teoría y práctica de procedimientos actorales de construcción teatral

ÁqisNúcleo de Pesquisas Sobre Processos de Criação Artística
Florianópolis
Falas sobre o coletivo. Entrevistas sobre teatro de grupo

ÁqisNúcleo de Pesquisas Sobre Processos de Criação Artística
Florianópolis
Teatro e experiências do real (Quatro Estudos)

Gustavo Geirola
El oriente deseado. Aproximación lacaniana a Rubén Darío.

Gustavo Geirola
Arte y oficio del director teatral en América Latina. Tomo I México - Perú

Gustavo Geirola
Arte y oficio del director teatral en América Latina. Tomo II. Argentina – Chile – Paraguay – Uruguay

Gustavo Geirola
Arte y oficio del director teatral en América Latina. Tomo III Colombia y Venezuela

Gustavo Geirola
Arte y oficio del director teatral en América Latina. Tomo IV Bolivia - Brasil - Ecuador

Gustavo Geirola
Arte y oficio del director teatral en América Latina. Tomo V. Centroamérica – Estados Unidos

Gustavo Geirola
Arte y oficio del director teatral en América Latina. Tomo VI Cuba- Puerto Rico - República Dominicana

Gustavo Geirola
Ensayo teatral, actuación y puesta en escena. Notas introductorias sobre psicoanálisis y praxis teatral en Stanislavski

Argus-*a*
Artes y Humanidades / Arts and Humanities
Los Ángeles – Buenos Aires
2019

www.ingramcontent.com/pod-product-compliance
Lightning Source LLC
Chambersburg PA
CBHW020639220526
45464CB00001B/208